Orangenduft
und
Saxophon

Elo van Vesca

Orangen duft und Saxophon

und

© querbeet 2014
Erscheint bei der edition bodoni.
ISBN: 978-3-940781-52-9
Cover-Gestaltung: Frau Jie Pu
Gesamtherstellung: typowerk berlin

Doreen

1990 im 12. Stock des Marzahner Hochhauses. Der Plattenbau hat seine eigene Sprache. Meistens hört keiner zu. Anna wandert in der Küche umher. Wenn Doreen nicht da ist, wirft sie ihre Augen gegen den Herd, der dunkel ist, der schweigt, weil nichts zu essen da ist. Heute fühlt sie sich wie ein eingesperrter Tiger. Die sanfte, schwarzhaarige Doreen gibt sich samt-sonders den Eindrücken hin, und meist scheint sie wie über allem zu schweben. Nur manchmal, da sammelt sich, scheinbar grundlos, hinter ihrem Auge Wut.

Anna und Doreen sind froh, wenn ihre Freundinnen an die Türe klopfen. Sonst hängen zu viele Gedanken an den leeren Wänden.

Vier Hunde in dieser Wohnung & ein Papierkorb, ausgedrückte Kippen, Schokoladenpapier, die aufgehängte Geduld und verworfene Liebesbriefe, Apfelgehäuse und zerkauter Kaugummi, der überall klebt. Ein Wirbel hat alle Gegenstände erfasst. Die Hunde legen jaulend und kläffend die Geräuschkulisse darüber.

Kaffeeduft und Marmeladenstullen. Es ist früher Morgen. Doreen schaut wieder hinaus auf das karge Feld, hinter dem sich die Hochhauskulisse aufbaut. Eine Wolkendecke bildet bizarre Muster; Doreen beobachtet, wie der Wind sie langsam verformt.

„Das sanfte Berühren des Tages", denkt sie. „Das sanfte Berühren eines jeglichen Tages."

Anna ist aufs Klo gegangen, und während Doreen noch aus dem Fenster sieht und Kaffee trinkt, hat sich Sir Galahad die ganze Butter genommen. Als Anna wiederkommt, schlürft er gierig die letzten Reste in sich hinein. „Himmel, kannst du nicht aufpassen?", beschwert sich Anna. Sie ist sauer, weil sie seit gestern fast nichts als leeres Toastbrot und Tütchensuppe gegessen haben. Der Hund kriegt einen Ausraster und reißt den Deckel von der Mülltonne herunter. Die Töle ist kaum zu bändigen. Zu zweit sperren sie sie ins andere Zimmer. Aber das Winseln lässt sie nicht mehr zur Ruhe kommen, sie lassen das Tier frei. Liebevoll schleckt der Bernhardinermix Doreen über das Gesicht, mit nasser Zunge Zuneigung verbreitend, dieselbe Lingua, mit der er durch die Wohnung schlappt. Die Liebe tropft jetzt schon von jeder vakanten Wand. Dieses Tier ist für sie die süße Treue pur, wenn alles sonst an sämtlichen Ecken davonzurutschen droht.

Später am Abend.
Meike, Franzi, Sabine und Antje klopfen an die Tür. Sie lachen, während die Wohnung schnell etwas farbiger wird durch ihre Gegenwart. Auf dem Tisch, die halbleere Zigarettenschachtel, willst du auch eine – gleich ziehen sie los, mit Rädern durch Straßen, die Kulisse der aufgetürmten Wohnblocks hinter sich lassend.
Zwischendurch, an einer Tankstelle: Eis mit Schokoladenhülle oder Packeis auf Straßen, auf dass du gefrierst.
Menschen starren unter Betonmassen hervor wie die Fische. Menschen, in einer Eisschicht konserviert.
Die Mädels tauen alles auf mit ihrer Energie. Mit ihrem Lachen schreiben sie sich in die Straßen ein.
Sie bleiben stecken im Packeis, hangeln sich durch die Kanaldeckel unter dem Asphalt, eng umschlungen, mit Mikrophonen, in die sie rufen und schreien, dass es durch die Kanalritzen hallt. Sie klettern nach oben, putzen das Pflaster mit ihren Körpern, eins, zwei, drei, der Blick mit Goldrand lugt über den Horizont.
Ein paar falsche und ein paar echte Glitzersteinchen in Doreens Augen sprengen den Beton. Fünf Tigerfalter auf Rädern, fünf züngelnde Reptilien in rasender Fahrt, fünf kobaltblaue Stämme über

dem Eis. Sie genießen die verbrennende Luft, sie tragen sich weiter, schreiben Zeichen in die Welt und treiben Schlaglöcher in den Boden. Sie reiben sich auf wie die Zitronen, sauer ist auch eine kräftige Farbe, fünf Zitronengesänge ziehen Geschmacksspur hinter sich her.

Später am Abend. In einem Billardsalon von Neukölln

Franzi, Doreens beste Freundin, hat das Vielsprechen in die grünen Augen geschrieben, und ihre Nase bebt. Je mehr sie auf Doreen einredet, umso stiller wird die Freundin, und sie hält den Kopf schief beim Träumen. Wieder stehen sie am Billardtisch. Irgendwann später sind ihre Augenränder stumpf – sie halten sich fest an den Queues mit dröhnenden Gelächter und mit Nadelköpfen in den Gesichtern.

Doreen mit blinden Honigaugen. Nach außen verschlossen. Sie nimmt ein Glas.

Noch später. Dumpfes Schwingen in ihrem Kopf. Ertrinken im Nebel der Gedanken. Wie in Watte dringen die Geräusche kaum zu ihr herüber. Winden sich langsam und zäh um ihr Handgelenk. Winden. Winken. Nur ihr Magen schickt ihr einen letzten Impuls. Ihr ist übel.

„Keinen blassen Schimmer, warum der Tisch sich bewegt. Keine Ahnung, was meine Füße machen. Ob ich mich auf den Kopf stelle? Mein Körper scheint wem anders zu gehören; alles ist schwankend, weich und verschwimmt. Ein Billardtisch gewinnt veränderte Bedeutung." Und alles scheint zu ihr zu sprechen.

Noch einmal kurz nach Hause. Pack deinen Rucksack, Anna, du brauchst den Notkeks, nicht den Schlafanzug, und komm mit ins Pour Elle! Sofa aus falschem Samt, prollige Omas und Plüschtapete.

Da sitzen wir fünf Stunden rum, sind schon ganz dumpf und fast allein – also Vorsicht vor den leeren Wänden!

Da ist noch eine ganz hinten in der Ecke. Die Alte blinzelt und schickt Doreen einen rauen, umnebelten Blick. Die D-Jayfrau schmeißt „Ich wünsche mir zu Weihnachten ein Weib" auf den Plattenteller, und die Palmkätzchendeko wackelt. Die Alte erhebt sich schwerfällig und wankt herüber. Risse hat sie auf der Haut, das sieht man auch ohne Lupe. Schwerfällig pflanzt sie sich auf Doreens Knie. Schon sind sie in den Spalten des Sofas versunken. Doreen hat keine Kraft, die Alte wegzustoßen, die immer schwerer wird auf ihren Knien. Sie blinzelt Anna zu, die scheinbar gelangweilt in einer Ecke Kaugummi kaut, aber die Szenerie genau im Blick hat. ‚Lieber saufen als raufen' heißt das Motto, das über der Theke prangt.

Anna hat ein Auge auf die burschikose, blonde Barfrau geworfen, und die blinzelt müde zurück. ‚Lieber saufen als raufen' steht auch in ihr Gesicht geschrieben.

Am nächsten Tag.

Doreen soll zum Sozialamt, hat ihre Mutter gesagt, aber das Sozialamt ist nicht ihre Welt. Stattdessen steuert sie den Supermarkt an. Da kommt ihr eine Idee. Zwar würde sie so etwas nicht wirklich tun. Sich mit dem ganzen Körper vor die Regale stellen, sich dann still und heimlich zwei, drei Flaschen unter die Jacke zu schieben. Doreen zuckt zusammen. Du sollst nicht stehlen.

Wirf deinen müden Blick doch weg, schmeiß deine Resignation hinter dich und lauf – lass hinter dir, was du nicht brauchst, lauf deiner Zeit davon, die Uhren sind ohnehin schon stehen geblieben. Lauf, bis niemand dich mehr einholt. Auch, wenn du weißt, dass du alle diese Länder nur in deinem Kopf durchläufst. Du hast die

Flaschen aus dem Regal genommen, Doreen, sie haben das Recht, dich zu verfolgen – du hast die Flaschen aus dem Regal genommen.

Doreen spuckt wieder Funken an eine graue Wand – der Blick erlischt, wenn sie zerspringen. Doreen scheint zu gehen, ist morgen nur vielleicht wieder hier. Doreen kriecht in sich hinein, findet sich nicht wieder. Möglicherweise wird sie nie wieder durch diese Tür gehen.

Anna fährt heute zu ihrer Mutter. Doreen bleibt allein bei den Hunden. Das verkrustete, ungespülte Geschirr türmt sich auf. Doreen hält diesen Anblick nicht mehr aus und sie flüchtet auf die Straßen.

Jetzt springt sie auf schlaksigen Beinen hinunter, um sich Kippen zu holen, ein Lächeln kaum sichtbar hinter der Stirn verborgen. Kopflächeln. In der Art, wie sie alle Eindrücke aus ihrer Sicht verbannt, liegt zweimal gefangen ein Teil von ihr; sie mustert ihre Umgebung durch einen unbekannten Spiegel, der fremde Farben reflektiert – als würde sie daran implodieren.

Von einem Moment zum andern ist sie plötzlich verwirrt; sie lächelt nicht mehr, als sie nach Hause kommt. Jemand hat sie angesehen. Sie hat es nicht ertragen. Nicht heute.

Zuhause nimmt sich Doreen ein Glas Gin. Sie kommt an einem Spiegel vorbei, findet sich schön. Wird diese Schönheit Anerkennung finden in einer Welt der sonderbaren Urteile, die sie nicht versteht? In dieser Welt, die nicht mehr ihre ist? Und an den kargen Wänden wächst kein Wandel.

Die Stumpfheit schlägt ihr ins Gesicht und der Fernseher fällt ihr täglich auf den Kopf, um sie mit seinem Blödsinn zu erschlagen. Da hockt sie plötzlich allein in ihrer Wohnung, und ihre frustrierte Sinnsuche schwemmt sie wie Treibholz zu den Flaschenhälsen. Sie köpft alle zehn, bis sich ein Meer auf den Zimmerboden ergießt (es stinkt nach Gin, und bald steht es ihr bis zum Hals); sie ertränkt die blöden Bilder, Kommentare, die ihr fremd sind und doch vertraut. Die Stimmen in der Glotze werden lauter und genervter wird Doreen, bis sie dann nichts anderes mehr weiß, als die Faust zu heben, darauf einzuschlagen. Ihre Hand tut weh.

Paula studiert seit zwei Jahren in Berlin.
Sie liebt diese Straßen und liebt sie nicht, weil sie so voll sind, dass die Menschen mit Blicken um sich schlagen. Dort verliert sie sich in Alltagsgesichtern.
Ihr dicker, schwarzer Kater wartet zu Hause. Seine grünen Augen bringen ihr für einen Moment Farbe in den Tag. Paula ist bisweilen wie weggetrieben von sich selbst.

Im Park vom Schloss Charlottenburg geht sie oft spazieren. Gepflegte, gebändigte Blumenbeete. Die gipsernen Statuen posieren am Rand und sehen ihr beim Vorübergehen zu. Gedanken, die sie zum Fließen bringen.
Paulas Suche nach Farben hat sie vor ein paar Jahren bis nach Mexiko getrieben. Damals brachte sie die bunten Schattierungen und Formen, die kleinen Götter und Malerinnen aus den Winkeln der wild bepflanzten Gärten hierher. In ihrem Kopf, da waren auch die anderen Farben, das Grau und das Bunt der mexikanischen U-Bahn zum Beispiel. Frieda Kahlo. Lebendigkeit, keine Erstarrtheit hat

Paula in Mexiko gesucht und gefunden. Die goldenen Monos, die Affengötter mit ihren phantastischen Sperenzchen. Paula mag die Idee, Schluss zu machen mit der himmelschreienden Armut. Lateinamerika. Aber warum geht sie nicht wirklich dort hin?

Paula hat noch andere Leben. Die Welt ihrer Augen, die alles einschreiben und verändern.

Mit Nadine schreibt Paula Bilder auf die Straßen. Und Paulas Bilder lernen langsam laufen. Wie Daumenkino. Paula und Nadine finden Wege auf Dachböden. Kramen in Gedanken, stellen Badewannen auf die Dächer, legen sich hinein, und Kirschen auf ihre Augenlider. Und immer kommen die Bilder zu ihnen zurückgeflossen.

Sie träumen sich in verrückte Welten. Auf halbem Wege wollen Paulas Ideen dann umkehren und sich in ihren Löchern verschlupfen.

9.11.1989 oder wie Paula zu ihrer Katze kam

Verlaufen im Farbwirbel, Katze auf Dach und goldbraunes Fell glänzt in der Sonne; ratlos vor gelben Funkenblitzen!

Eine Katze hat sich auf einem Dachfirst verstiegen. Sie hängt in der Schräge. Es fehlt nur noch Haaresbreite, und sie fällt. Paula klettert nach oben, streckt sich aus, robbt auf dem Bauch über die Dachschräge zu ihr herüber. Sie packt das Tier am Nackenfell. Es baumelt immer noch mit allen Pfoten in der Luft.

Später am Abend.

Paula streichelt das dichte Fell des behäbigen Katers, der sich faul auf ihrem Schoß räkelt und zufrieden schnurrt. Ja: Seine Verängstigung ging schnell vorbei. Der Kater verliert jetzt viele Haare, die an ihren Händen kleben.

Jetzt macht der Kater es sich in Paulas Wohnung nach Katzenart gemütlich – als wäre er immer hier gewesen – und er besetzt den besten Platz. Dann steht er auf, er geht ein Schlückchen Katzenmilch trinken, das Paula ihm in die Küche gestellt hat. Das Milchtrinken macht ein helles, schlabberndes Geräusch.

Paula und die Katze. Paula ist die Katze.

Doreen ist das Zebra auf dem Zebrastreifen. Oder sie möchte wenigstens eins sein. Ihre Augen fallen überall heraus.
Menschen stürmen über eingerannte Grenzzäune, lachen, fallen sich um den Hals. Echte Freude oder falsches Lächeln? Sie reiben sich aneinander, Menschen und Tiere, in Gedanken, in der Liebe, in der Entzweiung, im Streit. Ein Keulenschlag wirft Ost und West in eine Bahn. Ein Keulenschlag wirft Ost und West fast aus der Bahn. Und trotzdem wird vieles weitergehen wie vorher? Für die aus dem Westen vielleicht.....Wann geht früher vorbei?
Und während dies alles geschieht, sitzt Paula im Kloster, einer Kneipe, die eine lebensgroße Nonnenfigur im Schaufenster hat, während die leicht Verstaubte und Wackelige es anscheinend nötig hat, sich anzulehnen. Paula nippt ihren Capuccino. Kreuzberg. Die Festung des langsamen rebellischen Denkens. Staub und Patina sind hier Kult. Und damals war Kreuzberg weit weg vom Zentrum, so dass viele eigene Ideen hier zur Blüte kommen konnten.
Herr Lehmann lebt noch immer in diesem ruhigen Teil der Stadt. Herr Lehmann wurde vor einer Kölner Kulisse gedreht. Wenn sie daran denkt, schält Paula sich aus den Walnussschalen eines Gefühls für Kreuzberg.

Zeit

Zeit spielt die größte Rolle, wenn sie eingesperrt ist, und frei, wenn sie dich ins Unrecht setzt. Es gab Zeiten, in denen sie dir bewies, was für ein armes Würstchen inmitten vieler armer Würstchen du bist – es gab Zeiten, in denen sie einfach verging, und immer an dir vorbei. Warten. Warten, dass etwas passiert.

Paula drängt sich durch eine Menschenmeute, die an der Ampel mit brennender Ungeduld auf den Farbwechsel spekuliert. Als einzige überquert eine Frau schon vor dem Wechsel die Straße und wird um Haaresbreite überrollt. „Nich' bei Rot über de Straße gehen!" tönt es belehrend auf sächsisch. „Gehört sich des so?" Westleute tendieren wohl mehr dazu, den Hals zu riskieren und rote Ampeln zu ignorieren.

Am Ende sind aber weder Kinder noch Autos in Sicht. Die Ampel wird (un)endlich grün, die Meute von gegenüber strebt Paula entgegen; von allen Seiten stürzen sie auf sie zu, und Paula wird angst und bange.

Spiegelungen 1: Paula und Doreen

Lesen

Doreen ist umgezogen. Wohnt jetzt allein. In Friedrichshain. Kreuzberg ist bloß eine Brücke weit weg. Berlin. Häuser ketten sich aneinander, um sie festzuhalten. Ihres ist noch nicht renoviert, und bröckelnder Verputz rieselt ihr auf den Kopf – schon muss sie über ein Brett laufen, weil der Fußboden sich langsam aber sicher in ein Loch verwandelt. Kalt ist es hier drinnen, aber sie merkt es kaum. Sie liest und liest, versunken in eine Welt, die sie einfängt.

Vielleicht ist ja das Leben wie in diesem Buch, ein ständiges Schwimmen knapp unter der Oberfläche – ein Sitzen auf etwas Dunklem, ein Ausdünnen der Grenzen, ein Aufweichen, ein Übergehen von einer Farbe in die nächste – schillernde Töne, aber gleich wird selbst das Rot begehren, schwarz zu sein. Kalt ist es hier drinnen, immer noch kalt.

Leidiger Winter! Kohlen gibt es bei ihr kaum, weil viel zu teuer. Da brütet Doreen in Decken gehüllt auf ihrem alten Sofa, und über ihrem Kopf, da zieht es wie verrückt. Sie nimmt noch ein Glas. Unten vor ihrer Haustür schreien Kinder und toben trotz Frost auf ihren Rollerblades. Grafittimenschen verwandeln die grauen Fassaden, klagen an, machen bunt. Doreens Blick ist schwarz-weiß und passt hier trotzdem sehr gut mit hinein.

Über die Euphorie, allein im Zimmer zu hocken, mit einem nie gekannten Gefühl. Doreen wirft sich aufs Bett, greift sich ein Buch. Ist es ein Junge, der auf dem Pappcover die Leserin mit seinen Augen ertränkt? Nein, ein Mädel. Der Blick ist getrübt, wie schlammiges Wasser. Doreen blättert, sucht Namen. Annemarie Schwarzenbach. Miro. Die schreibende Photografin. Rastlose Reisende, die Frauen liebt.

Miros gravitätischer Blick. Doreen nippt an ihrem Glas, blättert weiter. In einem Atemzug liest sie das Buch. Um dann aufzutauchen aus einer Welt, die ihre eigene hätte sein können. Sie holt tief Luft – und fühlt, dass Miro ihr nahe ist.

Von da an liest Doreen über Miro alles, was sie in die Finger bekommt. Reiseberichte. Frühe und traurige Liebesgeschichten. Ihr Verhältnis zu Klaus und Erika Mann.

Doreen findet Miro schön: die schweren Augen, die beinahe aus den Lidern kippen. Und deshalb schlägt sie oft die Seiten auf, um sich lange in die Betrachtung ihrer Bilder zu versenken; das ist fast so, als würde sie ihr wirklich begegnen, als hätte sie tatsächlich hier im Raum gestanden, ihr über die Schulter geschaut.

Diese Erfahrung des Lesens ist hyper-intensiv. Als hätte sie schon einmal in Miros Haut gesteckt. Oder so, als hätten sie sich geliebt. Oder etwas gemeinsam gedacht.

Malen und Lesen. Paula.

Auch Paula denkt an diesem Morgen an Miro und an Erika Mann. Zwei Frauen, die sie bereits seit Jahren faszinieren. Das hat sie mit Doreen gemeinsam.

Es ist ihr unifreier Tag, und Paula beschließt, ihn heute im Zoo zu verbringen. In einem engen Freigehege sieht sie Leonie, die Leopardin. Raubtiernase, schwarze Schnauze. Teurer Edelpelz, verspielte Tatzen, schmuckhaftes Raubtiergesicht. Der klassische Kopf mit schwarzer Nase, eine Königin ihrer Umgebung. Paula beschließt, Leonie zu zeichnen. Verbringt den Nachmittag mit ihr, mit ihrem sinnlichen Körper. Auf einmal fühlt sie Leonies Eingesperrtheit hinter dem unruhigen Blick. Wache Augen, kluges Gesicht. Große, magische Wildkatze, geschmeidig. Kein Gramm zu viel. Schnell und gewandt bewegt sie sich im Flug.

Leonie könnte rufen auf dem Fels. Der rosa Rachen, schwarz umrandet, könnte ihre Welt umschlingen. Sie könnte Baumstümpfe, Felsen erklimmen, sie könnte locken in das Tal, dass sie gehört wird von China bis zum Kap der Guten Hoffnung.

Tief greift Leonies Katzenauge in den Raum hinein, selbst da erkennend, wo Menschen nichts mehr sehen. Leonie erspäht Bewegung, Straucheln, Eile, Bergsprung. Ihr Ohr schwingt sich auf, vernimmt

Klänge, die uns fremd sind. Doch was kann sie hier hören außer dem Wärter, der herbeischlurft, um Futter zu bringen? Hier, in Gefangenschaft, wo es ihr Schicksal ist, angestarrt zu werden, nicht selber sehen und entdecken zu dürfen, hier wirkt Leonie manchmal ganz seltsam verloren.

Als Raubtiere heften sich Paulas und Doreens Augenwinkel ineinander. In ihrer Raubtierhaftigkeit sind sie jetzt ganz still.

Noch erfüllt von dem, was sie an früh am Morgen früh gelesen hat, stellt Paula die Leopardin vor die Kulisse des alten Berlin; sie bewegt sich am Rande dieser veränderten Zeiten. Damals wäre sie keine Leopardin gewesen, die man im Zoo einsperren kann, sie wäre vielmehr eine Leopardin im Exil gewesen. Das Raubtierauge zeigt eine entfernte, fremde Welt. Leonie duckt sich, setzt zum Sprung an – bereit. Und Paula duckt sich, sieht die Raubtieraugen über sich…

Zwei Tage später. Paula macht es sich zuhause gemütlich. Einen Mandeltee hat sie sich gekocht, der Kater schnurrt im Sessel an ihrer Seite. Wie Doreen liest auch sie über Miro und Erika

Erika war schon immer eine humorvolle Kämpferin gewesen. In ihrem Kabarett „Die Pfeffermühle" schleuderte sie den Nazis ihren Widerstand entgegen. Sehr bald tat sie das bloß noch aus dem Exil.

Erika, das einsame Raubtier, mit Raubtierlachen, verspielt. Die Kabarettistin. Übertreterin sinnloser, gefährlicher Gesetze.

Franzi und ihr Saxophon

Franzi ist seit langem Doreens beste Freundin. Franzi hat auch leere Zeiten durchlebt, nachdem die Grenze zwischen Deutschland und Deutschland fiel. Jahre ohne festen Untergrund unter den Füßen. Jahre ohne Job und Perspektive. Jahre trotzdem, die reich waren an Ereignissen, die sich überstürzten, an Freundschaften, an entstehender und an zerbrechender Liebe. Irgendwann, da wird der Boden unter ihren Füßen wieder fester. Plötzlich fängt Franzi sich wieder, mit einem Strudel, der sich auf den Straßen um sie herum bildet, ein Strudel, der sich verwandelt in einen Wirbel von Musik, der sie mitzieht, und der sie jetzt fast überallhin begleitet. Ihre Musik und ihre Poesie, das sind die Rettungsringe, nach denen sie greift.

Es braucht Zeit, bis sich dieser alte Traum in Franzis Kopf neu festsetzt, Gestalt annimmt, und Form.

Ihr Verlangen wird stärker – es einmal selber in den Händen zu halten, damit sogar Töne zu erzeugen. Das Saxophon. Sie arbeitet dafür, sie darbt, und sie träumt.

Und schließlich hat sie es sich zusammen gespart. Glücklich trägt sie es vom Trödler nach Hause.

Erst eine Woche später kommt der Tag, an dem Franzi es zum ersten Mal vorsichtig berührt. Lange hat sie sich diesen Moment herbeigesehnt – vor Jahren schon hatte es in ihrem Kopf Töne geregnet, ein Klang konnte sie weit forttragen; einmal sollte ihr Saxophon Noten über den Sand der Sahara werfen, tiefe, vibrierende Klanggebilde, die einer Fata Morgana glichen.

Mit dem Saxophon formt sie nun auch ihr eigenes Leben, das aus den Schalen gekrochen ist. Der Klang der Verluste, der Klang der Befreiung, der Klang des Entstehens von etwas Neuem.

Paula trifft Franzi

Auf einem Spreeschiff begegnet Paula Franzi zum ersten Mal – bei einer Rundfahrt, zusammen mit ihrer Freundin Sabine. Sie okkupieren einen Tisch und spielen Mensch- ärgere- dich- nicht.

Seit zwei Wochen sind Franzi und Sabine ein Paar – sie beide stellen strahlende Gesichter zur Schau, sie trinken viel Bier und turteln zwischen Würfelwürfen – bis ein paar ältere Damen sich grimmig-drachenhaft beschweren, sie hätten ihr Spiel gerade auf ihren Tisch gestellt – und das, obwohl alle anderen Tische frei zur Verfügung ständen. Die Mädels geben nicht nach, und schließlich treten die Damen maulend den Rückzug an.

Paula trifft Franzi von jetzt an öfters, mit Sabine zusammen, wenn sie abends um die Häuser ziehen. Durch Franzi trifft sie später auf Doreen.

Franzi und Paula kommen heute auf Musik zu sprechen. Sie merken bald die Gemeinsamkeiten. Und wie von selber entsteht der Gedanke, zusammen Musik zu machen. Sie schweben davon, in Richtung grandioser Auftritte, des Genusses, gemeinsam zu musizieren. Ein Stück ist schnell gefunden. Eine Auftrittsmöglichkeit auch.

Und Paula hat es vor einem halben Jahr von innen entstaubt und lässt es stimmen, ihr altes Klavier.

Immer wieder üben. Alleine. Gemeinsam. Die Klänge zusammenbinden, ein Bündel aus Mikadostäben. Anfangs sind sie schwer in der Hand zu behalten. Dann entwirren Paula und Franzi die Klänge, lassen sich treiben von den Melodien. Das Bündel wird feiner. Weniger zufällig die Klänge. Gedämpfte Frage des Saxophons, und das Klavier steht Antwort mit einer mehrstimmigen Melodie.

Paula und Franzi schweben ein paar Takte gemeinsam durch die

Sphäre. Die Vielfalt des Erzählens trifft sie bald selber. Symphonie der Offenheiten. In Dur. Dann wieder melancholisches Verständnis der Begegnung in Moll. Zusammenklang, der weiter wächst.

Als nächstes, nach einer Zäsur, entspinnt sich eine musikalische Kabbelei, eine Unstimmigkeit, eine Neckerei, während sie sich noch freundschaftlich begegnen, und sie verpassen ihre Einsätze nicht. Und außerdem sind kleine Unstimmigkeiten nur dazu da, um allen Harmonien die richtige Würze zu verleihen. Dramatisch wird danach das Spiel, und wild.

Paula geht nach Hause, und die Musik hallt immer noch in ihr nach. Sie schließt die Augen. Für einen Moment wird es um sie herum fast still. Manchmal sind sie zu vernehmen, die Klänge, deren Echo in den Hinterhöfen hallt. Sie legen sich wie ein Teppich über Kreuzberg, Friedrichshain, Prenzlauer Berg… Die Klänge sind wie Photos, die sie selber zeigen, die Frauen, die verstohlen die Plakatwände zieren. Dort, wo die Leute harte Gesichter bekommen, dort, wo die Eile kein Gefühl mehr aufkommen lässt, dort will Paula nicht sein. Sie fühlt sich am besten auf der anderen Seite. Scharfe Nasen manchmal, frische Gedanken, Schönheit, immer lebendig.

Auf Fahrt. Treffen und Verlieben

Doreen und Anna, Meike, Sabine und Franzi ziehen wieder los – auf Rädern von Friedrichshain nach Prenzlauer Berg. Und manchmal, da fühlen sie sich hier so eigenartig fremd.

Alex. Treff. Die Weltzeituhr ist noch nicht ausgetauscht. Die Mädels kreisen herum wie die Zeiger, jede zeigt eine andere Zeit.

Paula ist heute auch dabei, als sie die Straßen umgraben, indem sie nach dem Friedenskonzert ihre eigene Demo machen – sie brüllen Parolen und blitzen mit Augenspitzen, Lachorgien werden wüster.

Doreen und Paula schauen sich an und verstohlen wieder weg.

Prenzlauer Berg, in einer Kneipe namens Blabla bleiben sie sitzen, wo die Langhaarigen über der Theke hängen. Anheimelnde Dunkelheit und gekonntes Aneinander-Vorbeisehen. Später geronnene Blicke an Straßenkreuzungen. Ein Schlüssel, der in der Haustür stecken bleibt.

Dreimal hat Paula Doreen erst gesehen, schon weiß sie, dass sie gern Kaugummis aus den Automaten holt, und sie kann sich ihr lachendes Gesicht vorstellen, wenn sie statt einer Kugel einen Plastikdrachen kriegt.

Montag Abend im Café Anal. Paula hat ein Pinkusbier vor sich stehen, sie starrt auf die Venusmuschel über der Theke – jede Woche gibt es hier eine neue Dekoration. Die künstlichen Spinnweben hängen von den Wänden. Paula wartet.

Doreen fliegt zur Tür herein. Schwirraugen, vertrautes Lächeln auf den Lippen. – Die Spielerin nimmt sich einen Stein, sie hebt ihn langsam, kickt, und eine Figur nach der anderen kommt ins Rollen.

Paula spürt, wie ihr Blut immer heftiger durch die Adern rinnt, als die andere unter schwarzem Wasserhaar zu ihr herüberschielt. Ernst ist in diesem androgyn-schönen Gesicht verborgen, die Maske eines Lächelns lässt Schalter vermuten, die noch ganz andere Stromkreisläufe in Bewegung setzen. Eine Bemerkung Doreens, die sich ergreifen und umdrehen lässt, trägt Paula weit fort. Sie wiegt sie in der Hand wie eine Feder. Doreen. Engel im Zwischenraum, mit bleiernen Gliedmaßen, schwarzäugiger Engel, der unbeweglich sitzt und jeden Raum verändert.

Paula, die jetzt schon anfängt, heimlich Doreen zu träumen, kritzelt in ihr Tagebuch:

„Lebenswelten
diese verrückten
ließen mich
nicht mehr los
diese Fragen
verfolgten mich
lauerten
auf Antworten
in ihren Augenwinkeln
fanden keine
zerrten
zuckten zurück."

Sie hatten begonnen, sich angeregt zu unterhalten – viel Nähe war da in ihrer Sprache gewesen, doch auch Entfernung in der Art, wie sie sich ansahen. Doreen hatte Paula wirklich gemocht, und Paula hatte Kugelblitze in den Augen, wenn sie sie sah.

Es war, als hätte sich die Gefrorenheit und die Schläfrigkeit ihrer Zeiten aufgetaut durch Doreens wachen Blick. Die Minuten, Stunden liefen anders – jetzt, da Doreen in ihre Zeit gekommen war. Alles war in Bewegung geraten. Im Fluss. Etwas hatte sie immer näher zueinander gezogen.

Und dann war da wieder dieser Abend gewesen. Sie bewegten sich von der Theke nicht weg. Nicht viel geredet, aber gespielt mit diesem Zuviel an Spannung.

Paula lädt Doreen ein, zusammen nach Kreuzberg zu gehen.

Zitrusfrüchte im Winter, Kiwi auf dem Tisch. Zitronenscheiben, zuckersüße, gesprächsfreier Raum für einen Augenblick, danke.

Vor dem arabischen Imbiss, Schawarma aus Hähnchenfleisch, zum Nachtisch Pistazienkuchen, Tee aus kleinen Gläsern. Die Blicke werden tiefer. Sie reden, über Leonie, die Leopardin, über Miro, die sie beide lieben, und über Erika Mann. Dann streifen Paulas Lippen Doreens Mund. Der erste wirkliche und nicht imaginierte Kuss. Doreens Gesicht, das sich im Milchkaffee spiegelt. Paulas Spiegelbild kommt dazu, während sich die Oberfläche wellt.

Sauna, Orangenduft und Zebrafinken – kein Wann mehr, Wen, Weshalb, Wohin, Wie Gut, Wie Schlecht, Wie Klug, Wie Schön. Zeit schenken, wie begrenzt? Da kommt sie wieder, ihr nackter Körper schwitzt. Sie streicheln ihre Erregung ineinander, sanfte Nahansichten, von Schweißtropfen eingeperlt, weiße, feuchte Brüste, und das Warten aufeinander hat ein Ende, während der letzte Pfefferminzaufguss in der Luft liegt.

Schnell nach Hause, und am nächsten Morgen wachen sie zusammen auf.

Doreen. Blaue Luftlianen, leichtfüßig schwingt sie sich von einer zur andern. Verschwiegener Löwenrücken, ihr Gesicht noch schläfrig in der Morgenluft, verklebt – sie schält sich aus ihrer Hülle, auf der Straße gräbt sie sich in die verschwiegenen Gesichter, die wie ihr eigenes sind – und sie erschrickt über Blicke, die sie unsanft wecken aus ihrem traumlos verklebten Schlaf.

Doreen ist schon wach, viel wacher als Paula – wo Paula doch immer stolpert über die Wurzeln der Bäume, ihrer Gedanken, wenn sie die Kronen betrachtet.

Paula kann ihre Augen nicht von Doreen wenden, auch nicht, wenn sie zusammen Brötchen holen gehen.

Doreen wirft mit so viel Charme um sich, wenn sie beim Gehen mit den Armen schlenkert – jedes Zucken ihrer Mundwinkel gehört auf ein Polaroidfoto gebannt. Die Zimmerdecke pflastern würde sich Paula mit diesen Fotos, auch in der Küche und im Bad.

Dann würde sie wieder den ganzen Tag lang Aufzug fahren; am Ende, im obersten Stock, würde der Lift sie über das Dach schleudern, und im Flug dann würde sie ein Foto von ihr machen und es verfremden, da hätte Doreen eine grüne Haut und einen blassblauen Mund.

Und schon ist es Zeit, sich wieder zu trennen.

Bevor Doreen losfährt, zündet sie sich auf dem Fahrrad eine Zigarette an. Nachdenklich schaut sie Paula ins Gesicht. Sie steht an der Straße, will hinübergehen, zögert.

Paula merkt es genau, Doreen hat angefangen, ganz tief und erschrocken sie zu träumen.

Die Zeit fließt jetzt in die entgegengesetzte Richtung.

Ein Tag, der anders ist.

Die schrägen Straßen tauchen sich in umso tieferes Grau, je bunter Paula sich fühlt, und ihre Welt schwebt über dem Ganzen wie ein Geheimnis, auf eine Art begehrenswert und fern. Wie ein buntes Licht voller Vertrautheit, ausgelöst durch einen einzigen Blick, von Doreen, die sie jetzt wiedersieht, bei ihr zuhause, in Friedrichshain.

Paula klingelt. Doreen öffnet die Tür, bloß mit ihrem Bademantel bekleidet. Berührung der Arme wärmt mehr als Hitzesturm. Sie dehnen sich aus, sie türmen, sie hangeln sich hoch wie die Lianen, die Straße wird blaugrün, sie graben sich in die weichen Hügel, sie streicheln die Seide und kneten den Teig.

Wieder fällt Paula in ein Loch, das sich im Auge Doreens (der Sanften) auftut, sie wird ganz grau, gleich ist sie verschwunden, dann ist der Moment vorbei und ihr Auge trifft wieder. Paula wirft Kobaltblau dagegen.

Die Farben ihrer Augen ziehen ineinander ein, ohne sich zu vermischen, und sie zerspringen fast an ihren Unterschieden.

Später gehen Paula und Doreen in Marzahn spazieren. Paula und die Sanfte, Hand in Hand durch das wüste Stadtfeld, das die Natur von den Hochhäusern trennt, und als sie sich einmal ansehen, rollt grüner Meerschaum auf sie zu, so dass sie Mühe haben, die Augen der anderen zu behalten.

Als nächstes spielen sie Fangen mit Worten, die auf sie zurollen wie das Meer, sie suchen und finden kein einziges mehr. Als Paula untertaucht in ihr Gefühl, zieht sie die Sanfte an der Hand auf den Grund. Das Feld wird wieder grau und weit. Sie wühlen sich unter einen Stein, die Worte lösen sich wie ein Schwarm bläulich blitzender Fische, die an den überfluteten Hochhäusern vorbeischwimmen. Wortfänger, während Ikarus aus der Sonne fällt.

Im Wasser spuckt Paula auf ein Auge, und was wächst daraus – eine Pflanze, Tang, der sich zu ihr herüberzieht. Paula lächelt, und ihr Augenblau wird glasig, es zerspringt. Dann hocken sie zusammen auf Kirchturmspitzen, sie kichern sich verträumt ins nächste Dorf hinüber, das schöne Wetter steht ihnen in die Gesichter geschrieben baut sich auf, so dass der Himmel durchsichtig wird und weit.

Doreen schaut wieder zu Paula herüber. Paula möchte nicht, dass dieser Augenblick vorbeigeht.

Paula schreibt sich jetzt Wange an Wange mit Doreen, noch einmal die Linien zwischen ihren Gesichtshälften füllend.

Und etwas streicht sich über ihre Zeit, ganz langsam.

Ein Wasserball, an einem Baggersee. Entchen und Delphine. Klug sind sie, friedlich, verspielt. Paula möchte so gerne einem echten Delphin begegnen.

Schaumschlägereien? Mit Plastikdelphinen. Bei Paula pritscheln sie im Badeschaum.

Als Paula nach oben schießt und dabei eine Spur grünen Meerschaums hinter sich herzieht, greift sie sich en passant Doreens Hand. In eine Schaumwolke gehüllt, jagen sie eine Zeitlang durch die Luft. Dann stürzen sie, finden sich in einer trockenen Wüstensteppe wieder. Sie liegen im Sand, hauchen sich Atem ein; um sie herum die Wüste fängt an zu leben, bis sie tanzt, Farbwellen graben sich in den Boden, verbreitern sich zu Spuren, bewegliche Wellenwüste, die ausgeht von Berührung; je stürmischer der Boden, umso stärker klammern sich ihre Blicke aneinander.

Später sitzen sie zu zweit Rücken an Rücken. Sie sind allein am Wannseestrand. Sandperlen laufen über ihre Schläfen.

Aneinandergelehnt hören sie leise den Herzschlag der anderen pochen, eine Fata Morgana zieht an ihnen vorüber im Takt von diesem Geräusch, bis alles vibriert, und langsam geht es in die Luft, Gebirge stürzen auf Städte, darüber schwebt Paulas Auge, ihr Körper und zwei ihrer Worte; sie zwinkert, Berge ketten sich aneinander, pulsieren, bersten, in überklares gelbes Licht getaucht.

Der Sand knirscht, als sie sich umarmen. Kaum berühren ihre Füße den Boden, da hebt sie etwas hoch. Sie drehen sich dreimal im Kreis; die Höhlen ihrer Augen erweitern den Raum. Hellgelbes Licht dringt aus den Ritzen, als sie weiterfliegen, in einer Wolke aus Zigarettenrauch. Kringel beschreiben den Himmel, Arme und Beine, grüne Schaumschnuppen – Augenfarbe vor blassem Horizont, während der Rauch bereits zentrifugiert – ein schwirrender Nebel, der Töne erzeugt.

Doreen lächelt und schüttelt den Kopf. Bei einem Blick von Paula beginnt die Lava zu fließen, die Kerne schmelzen bei der Berührung ihrer Außenseiten. Da ist immer noch Zigarettenrauch, Wein, und ihre Formen schleudern sich in Lichtgeschwindigkeit durch den Raum. Nun fangen ihre Hüllen an zu glühen. Langsam verlieren Paula und Doreen die Kontrolle über den Flug, ihre Gestalt verändert sich. Funkendampf quillt aus Poren, noch ein paarmal schütteln die Meteoritenwellen sie durch....

Paula

Will dich sehen
in meinen Blick tragen
einmal noch
an mir vorüberziehen lassen
mich glauben machen
dass du
wirklich bist.

Paula und Doreen finden sich, leicht schwindlig, an Doreens Wohnungstür wieder, und die Nacht wird lang und hat ihre Grenzen und Ränder verloren.

Paula
„Apfelschöße, Apfelschöße und die Lust staut sich unterneben deinen Zehen. Du streifst sie ab, jonglierst, wirfst, drehst sie im Kreis.

Du strahlst und du fängst sie, du lachst mich an, nicht ernsthaft und verschlossen ist dein Blick, nicht halten willst du mich, du willst mich fliegen lassen, nicht haben, sondern treiben lassen über die Dünen, wie einen Drachen willst du mich ansehen. Mit einem Drachen aus Seidenpapier an der Hand willst du über den Gartensteg tanzen.

Und jetzt umarmst du mich, dein schlanker Arm hält meine Hüfte. Wir küssen uns bis an den Gaumen. Tiefe, trockene Küsse, die mich an deinen Blick erinnern. Langsam ziehe ich dir die Jacke aus. Dann das T-Shirt. Ich beiße mich in deinen Brüsten fest – du stöhnst. Mein Bauch wird länger. Das Wasser fließt, der Film wirft sich an, das Leben reibt sich wieder an sich selbst.

Wir können nicht mehr aufhören uns zu lieben.

Wir finden immer neue Nischen. Wir können nicht mehr schlafen. Als wenn es etwas gäbe, das uns gegen unseren Willen separiert hat. Schon verbunden, feilschen wir noch um den letzten Fetzen Abstand von deiner Haut zu meiner. Von dir unter meine. Von mir unter deine.

Dein Lachen habe ich im Ohr, und es ist meins. Es sagt, dass du zu mir gehörst. Sei mein Tinnitus. Dein Lachen, das wie eine Zwiebel alles entblättert. Und Tränen in die Augen treibt.

Du gehst in die Küche. Dort, wo du warst, bleibt ein Hohlraum in den warmen Kissen. Nach fünf Minuten kommst du zurück, die Lücke zwischen den Bettfedern wieder füllend, und wieder nimmt das Aneinandergekuschel kein Ende. Ich döse weg, in deinen Armen.

Als ich auf die Uhr sehe, ist es Abend. Dein Lachen schiebt sich an mir vorbei. Wir flitzen über eine schneebedeckte Landschaft, wir ruhen nicht aus, bis wir uns flach in den Schnee gesetzt haben. Wir geben noch keine Ruhe.

‚Soll ich nen Kaffee machen?' fragst du mich. Auf dem Tisch stehen noch Bierflaschen von gestern, und ein Teller Obst.

In einen Apfel beißen, der nach morgen schmeckt.

Und dann hat noch einmal ein göttlicher Tag begonnen, und wir verbringen ihn im Bett, viel Kaffee, Tütchensuppe, Gelächter. Das schwere Federbett. Manchmal verliert es Daunen durch ein kleines Loch, die später irgendwo im Raum herniederschweben. Wir kuscheln uns aneinander, eng und immer enger. Es nimmt uns den Raum. Zärtliche Haut. Das Prickeln. Tütchensuppe. Ein paar Tropfen davon auf den Brüsten. Manchmal aber auch Leere im Bauch und Hunger nach Erlebnissen. Geschichten beflügeln die Phantasie. Geschichten von blauen Vasen, und auch Geschichten von Gift. Damit hat unsere Reise zu tun. Wir suchen nach Wegen, uns zu begegnen."

Doreen und Paula liegen faul im Park. Doreen spielt für Paula Musik. Paula spürt ihren Atem. Der scheint aus ihrem Schlüsselbein zu dringen. Beiden ist warm. Ein paar Bekannte sind auch dabei. Eine braunhaarige Passantin lächelt.

Die Sonne scheint auf Doreens leicht gebräunte Haut. Ihr ruhiges Auge schickt wieder ein grasgrünes Lachen zu Paula herüber.

Während sich Paula auf die Sonnenstrahlen auf Doreens Körper konzentriert, kommt jetzt der Anfang zwischen ihnen zurück: Ganz langsam schwappt er nach oben. Doreen, wie Paula sie kennenlernte, und Doreen, wie sie sie nie besessen hat, Doreen, wie Paula sie nie gesehen hat.

Schreiben und malen. Spiegeln und verwandeln.

Paulas Augen können die Dinge und die Menschen bis in alle Tiefen durchleuchten. Ihre Gedanken packt sie auf leeres Papier.

Und heute stampft Paula wieder Sprüche aus dem Boden. Sogenannte Weisheiten, die wachsen, sich um Doreens Füße schlingen wie die Lianen. Oder sie hängen sich an ihre schweren Lider. Paula kann auch Ausschnitte bauen mit ihren Blicken, die sich sofort wieder scharf zu Doreen herüberziehen. Paula will sie zart in den Nacken beißen – dann kann es sein, dass Eiswasser ihre Gesichter überflutet, wenn sie sich angrinsen, und wenn sie erfrischt sind von dieser glibberigen Kälte.

Doreen gehört zu den Wirklichkeiten, in denen Paula sitzt, und so zeichnet und malt sie an ihr herum. Das ist nur gerecht, denn Doreen verwandelt genauso ihre Welt- sie ist ihr Boot, und ohne sie kommt Paula wohl kaum über den See.

Lebendigkeit ist Veränderung, ihre eigenwillige Auffassung von Welt.

Beide nehmen sie den Skizzenblock, immer wieder, und Paula schreibt Doreen, und Doreen schreibt Paula ganz neu. Nur wenig Altes lassen sie stehen. Sie werden ganz sie selber dabei.

Doreen macht Paula zu einer, die bedächtig Freundschaften pflegt. Paula reist in den Augen von Doreen als Medizinfrau durch die Welt.

Von Doreen gibt es bei Paula ein wildes Bild.

Da ist die Lücke um Doreens Vergangenheit, Doreen, das verlassene, das trotzige Kind, das aufgezogen wurde von fremden Eltern. Das ist es, was Paula sich über Doreens Vergangenheit imaginierte:

Doreen stammt von einer wilden Sintimutter ab. Ihr Großvater väterlicherseits ist der Sohn von Ede, einem reichen Ganoven und bedeutendem Mitglied der Sparvereine. Sparvereine sind organisierte Gangstertruppen, die in den 20er Jahren die Polizei austricksten und die aufs Haar genau die Oberwelt spiegelten. Doreens Großmutter ist eine mondäne, bildschöne Gestalt. Doreens Mutter, ein Wunder an Frau mit herbem Gesicht und stolzem und unnahbarem Zug um den Mund.

Aus Liebe zu Doreens Mutter schließt sich ihr Vater, der schüchtern ist und keinesfalls ein Gangstertyp, ihrer Sintitruppe an.

Doreens Mutter sitzt am Feuer mit ihm und mit den andern. Sie ulkt. Sie lockt. Ihr Vater ist ein Schläfer, ein Spieler vielleicht. Er folgt ihr, doch lässt sie ihn stehen. Sie tanzt.

Dies hier ist ein seltsames Leben.

Plumpsklo, Schmutz, sich Durchschlagen-Müssen lässt Blicke dunkel werden und das Lachen bricht ab. Und doch sind diese Morgen in Freiheit all das wert.

Mutterland aber, Mutterland ist abgebrannt.

Doreen wird geboren als halbgewolltes, am Lagerfeuer im Rausch gezeugtes Kind. Ganz beiläufig kam sie ins Leben. Doreen hat Hitzigkeit und Freiheit im Blut, doch auch eine sanfte Seite, die von ihrem Vater her stammt. Welche Wege würde sie gehen, wenn nicht diese Erschütterungen wären?

Die Sintitruppe reist von Spanien nach Ungarn weiter. Landet wieder in der DDR. Dort sind sie eine viel bestaunte Seltenheit. Vielleicht dreihundert Sinti und gar keine Roma gibt es dort.

Zu Doreens frühesten Erinnerungen gehören Küchenutensilien. Erste Versuche der Kleinen, sie zu verwenden. Sich durchschlagen zu müssen. Tanzen bis zum Umfallen. Kleinere Arbeiten zwischendurch. Dass Sinti und Roma alle klauen: ein Klischee.

Das Kind haut mit dem Kochlöffel auf den Topf. Es lacht, und seine nadelkleinen Zähne blitzen. Häufig aber ist es verwirrt, und es weint, und es schreit. Farben schlingern um das Kind, das sich im Chaos nicht mehr wiederfindet.

Bald schon kommen schlechte Zeiten für die Sinti. Kein Geld, sie werden mal wieder zum Freiwild gemacht. Wenn die Zeiten härter werden, dann sind es zuerst die Kleinen, die es ausbaden müssen.

Doreen schaukelt leicht in ihrem Körbchen auf dem schlammig grünen Wasser. Sie ist jetzt zweieinhalb Jahre alt. Durch irgendein Mittel ist sie eingeschläfert worden, bevor ihre Eltern sie in einem Binsenkörbchen aussetzten. Um den Hals trägt sie ein viel zu großes Amulett. Langsam fühlt sie sich ins Wachsein hinüber – die gekräuselten Wogen wirken beruhigend, sie gaukeln dem Kind Nähe vor, von etwas, das Mutter heißt. Schilf und Binsen halten es nur scheinbar fest. Doch als der Hunger kommt, und als das Schlafmittel nicht mehr wirkt, da fühlt Doreen: Sie ist allein. Alles, was Mutter hieß, ist Illusion. Hier ist nur Wasser, Hunger. Sehnsucht nach dem Bekannten. Nach dem Zuhause. Das Leben scheint ihr von ganz besonderer Härte.

Eine Fischersfrau findet die von Kälte blau angelaufene Doreen. Die Fischersfrau zeigt einer Nonne das schöne Kind. Vielleicht wird es gar für fünfzig Mark an das Kloster in Ostdeutschland verkauft?

Die Klöster sind die Orte des Abseitigen in der DDR, denkt Paula. Das schöne Kleinkind schreit in seinem Bettchen, weil die Mutter weg ist. Die Nonnen sind liebevoll zu ihm, und dem Kind wird langsam wieder behaglich warm.

Es wächst heran. Doch seine Herkunft bleibt ihm unbekannt. Die dicke Nonne mit dem roten Gesicht lacht ihm oft zu. Sie lässt es auf ihren mit schwarzem Gewand bedeckten Nonnenknien spielen, sie schreibt ihm Herzlichkeit in sein Leben, sie lässt es ab und zu auch Mama zu ihr sagen. Die kärglichen Mahlzeiten, Salat und Kohlrabi, Kartoffelbrei aus selbst gezüchteten Klosterkartoffeln, nehmen Dorle und die Nonnen immer gemeinsam ein.

Die meiste Zeit verbringt Dorle im Anbau des verstaubten Klosters. Dort riecht es nach Dung und frischem Heu. Dort stehen auch die abgebröckelten Statuen, die von einer sehr alten Zeit erzählen (denn das Kloster war einst ein barockes Theater gewesen) – Statuen, die ihre Arme bereits verloren haben, Statuen, die geheimnisvolle Geschichten repräsentieren. Die bröckelnden Statuen säumen den überwucherten Weg.

Eines Tages, Dorle ist gerade fünf Jahre alt geworden, da hat das Kind aus dem Korb den schönsten rot-orangefarbenen Apfel gestohlen, und es versteckt sich auf dem Dachboden deswegen. Der Biss hinein schmeckt wunderbar. Doch bleibt ihm der Bissen im Halse stecken. Als hätte es soeben Gift geschluckt. Oder Erkenntnis. Traurig und trübe ist das Kind gestimmt. Mit dem alten Fernrohr, das die Nonnen in ihrer Kammer aufbewahren, könnte es ohne weiteres aus Sehnsucht die Mondoberfläche absuchen nach irgendwelchen Formen der Vegetation – so leer fühlt sich die Welt jetzt an.

In dem Klostergarten wachsen duftende Kräuter. Das Kind liebt es, an ihnen zu schnuppern, sie zu erfühlen, sie zu kosten.

Dorle hatte schon damals ein verschmitztes Lachen. Immer wieder hat sie sich Lutscher stibitzt, in einer kleinen Bäckerei, in der Nähe der ausgestorbenen Schule. Die Lutscher hat sie allesamt vergraben, an einem geheimen Ort.

Meistens ist das Kind alleine. In schwierigen Situationen wird sie trotzdem von ihren Altersgenossinnen um Rat gefragt, denn unter den Mädchen ist sie berühmt für ihren Mut.

Auch halten die Nonnen das Kind jetzt nur mehr unzureichend im Zaum, aber sie verzeihen ihm immer wieder, und selbst, als es einmal zu Weihnachten das Jesuskind aus der Krippe entwendet: Dorle hat sich angeschlichen. Sie hat den kleinen Jesus einfach gemopst. Für ein paar Monate ist das Jesuskind Dorles bester Freund geworden. Es liegt mit ihr in ihrem Kleine-Mädchen-Bett, und Dorle flüstert ihm ihre Geheimnisse unter der Bettdecke zu.

Eines Tages findet Dorles rundliche Lieblingsnonne das Jesuskind bei ihr, als sie ihr Gute Nacht sagt. Sie nimmt es Dorle nicht weg. Vielmehr erklärt sie ihr geduldig: „Das Jesuskind gehört doch allen. Keiner besitzt es." Dann legt Dorle es wieder in sein Krippchen zurück. Am nächsten Tag kommen die Kinder, um das Jesuskind hier anzusehen.

Einmal, als sie bereits zwölf ist, durchstöbert Dorle den Dachboden des Klosters. Durch Zufall hat sie erstmals ein Schlupfloch dort hinein gefunden. Hat schon das Gefühl, sich an einem geheimen, verborgenen Ort zu befinden. Sie sucht, und wühlt. In einer Kiste, zuunterst, von Staub bedeckt, dort entdeckt sie das Amulett, das sie auf ihre Reise mitbekommen hat: „Kind der Sintikönigin Maruschka. Tochter der Königin der Unterwelt".

Sie schaut in den Traumspiegel, der mit grünen Ornamenten verziert ist.

In der nächsten Nacht packt sie heimlich ihre Sachen zusammen. Einen ganzen Apfelkuchen, den ihre Lieblingsnonne gebacken hat, nimmt sie sich mit. Mit 50 Ostmark, die sie der Klosterkasse entwendet hat, bricht sie auf. Bevor sie losgeht, schaut Dorle in den Spiegel, sieht sich dabei als Göttin, sieht sich selbst. Dann irrt sie durch den Wald.

Dorle wird, so stellt sich Paula vor, in ihrer mythischen Zeit, von ihrer Göttin gejagt.

Die Göttin mag Dorle so sehr. Sie hat sie mit einem Seidentüchlein gelockt, sie hat es fallen lassen, an den verschiedenen Ecken und Rundungen des Labyrinths. Dorle hat mit einer Hand hier Ameisen zerdrückt, und schließlich ist sie losgerannt. Sie hat sich manchmal blind gefühlt. Vom Rennen erschöpft, hat sie die Göttin am Ende doch geküsst, und Dorle ist ihre wilde Muse geworden. Dorle ist durch einen Birkenhain geirrt, und eine andere, göttliche Zeit hat sich an ihre Fersen geheftet. Dann irgendwann hat die Göttin Dorle von ihrer Hand gepustet. Dorle ist in der Welt gelandet. Die Göttin hat Dorle beauftragt, nach ihrer Vergangenheit zu suchen. Dorle ist durch den Wald geirrt, bis die Nonnen sie fanden.

Doreen selber ist keine Göttin geworden. Doreen weckt Gedanken, die man einweben kann in schillernde Orte. Bilder, Gefühle. Geschichten der Unterwelt von Berlin.

Man sieht sie häufig in Ritzen sitzen, die sie noch niemals vorher betreten hat. Doreen, die Schnippische, die Verschlossene, Doreen, die Verruchte verliert sich in den Spuren eines fremden, gaunerhaften Berlin. Es ist der Ort des anderen Teils ihrer Familie. Sie passt da hinein wie ein Puzzleteil in ein zerschnittenes Foto.

Das Folgende war das Bild, das Paula von Doreen entwarf.

Doreen zeichnet Paula als blasse Mondfrau. Als sie einmal, zusammen mit dem wilden Trupp, vor offenen und verschlossenen Türen landen – es war noch, bevor die beiden zusammen kamen – da erkannte Doreen Paulas Potenzial. Das trägt sie mit verletzten Augen zu ihr herüber. Doreen kann hinter die Wände gucken. Doreen sieht die Zukunft messerscharf voraus. Doreen kann auch in die Vergangenheiten springen. Doreen erkennt, was Paula an den Menschen bewegt. Doreen erkennt, dass Paula schöne Bilder malen kann von ihr. Bilder, die später in Ausstellungen hängen.

Paula ist, so, wie Doreen sie träumt, in einem ausgesprochen reichen Elternhaus geboren. Ihre Großmutter war die Frau eines wichtigen Kulturbeauftragten gewesen. Ihre Eltern hatten sie animiert, in einer Phantasiewelt zu leben – in einer Welt, die nichts Wirkliches hergab. Paula feierte schon mit zwölf Jahren die Bälle der Oberwelt mit, Bälle, die die Ringvereine und Sparvereine sehr genau zu beobachten schienen, Bälle, die sie dann später haargenau imitierten. Doreens Welt, die Unterwelt, schien Paula stets die echtere zu sein. Paula seufzte sich oft melancholisch durch ihre Tage, Tage, an denen meist rein gar nichts passierte – auch, wenn das Leben so gedämpft und angenehm dahinplätscherte wie eine Soiree von Bach; auch, wenn teurer Schmuck schon das Dekoltee der Zwölfjährigen wie ein Fremdkörper schmückt. Viel lieber wäre Paula durch schlammige Flüsse gewatet wie eine Entdeckerin.

Weil sie so oft allein war, baute Paula sich als kleines Mädchen Krippen aus wunderschönen, geschnitzten Figuren. Zusammen mit ihnen lebte sie in deren Welt. Die porzelanäugige Marlene war zu ihrer Lieblingspuppe geworden.

Doreen verachtet diese reiche, naive und verwöhnte Mädchengestalt, die sie von Paula entworfen hat. „Money, that's what I want", steht dieser Figur in dicken Lettern auf die Stirn geschrieben.

Paula selber wehrt sich ein wenig gegen Doreens Zeichnung ihrer selbst als Tochter der Oberwelt. Doch war das Ganze ein Spiel gewesen.

Doreens Buch über die 20er Jahre liegt auf dem Tisch. Schon in Bezug auf ihre Familie hat das Gaunerhafte, die Zugehörigkeit zur Halbwelt Tradition.

Besondere Gedanken gedeihen im Schatten der Vereine. Vor allem in den Eckkneipen findet man die Spuren eines Lebens wieder, das am Rande dieser Existenzen vegetiert. Doreen ist als einzige Frau im Sparverein, nur sie darf dort sein.

Im Hinterzimmer der Mulackritze, unterweltliche Gestalten: der „Gesangsverein". Der trifft sich wöchentlich, eine Welt tatendurstiger Gangster. Man entwirft hier die neuesten Coups. Die Polizei schweigt still und tut, als ob sie nichts merke.

Auf dem vergilbten Photo, das über dem Vereinslokal prangt, kann Paula die Ähnlichkeit zwischen Doreen und ihrer Großmama Laila erkennen. Vor allem an ihren schwarzen Augen und an der ausdrucksvollen, scharfen Nase, auch, wenn die Züge der Großmutter weicher wirken und sehr viel mädchenhafter. Ihr Gesicht ist wie der strahlende Schatten von Doreen.

Sie war in den 20er Jahren eine mondäne Halbweltfrau gewesen: die Königin der Bälle, Diamanten-Edes Gattin, auf diesem Parkett imitierte sie perfekt die Oberwelt. Fließende Bewegungen, feine Sitten, teure bordeauxfarbene Gazekleider, kurz und modern im Charleston-Look der 20er Jahre: gerade geschnitten, mit tiefer Taille. Pelzbesatz. Manchmal verzogen sich ihre Mundwinkel für den Bruchteil einer Sekunde ins Groteske. In diesen Momenten wurde ersichtlich, dass sie mit allen Wassern gewaschen war. Manchmal kippte ihre Sprache kurz weg.

Fast jede Nacht besuchte Laila „einschlägige Lokale" wie die Mulackritze. Den halbfeinen, mit Lakritzduft parfümierten Tabak rauchte sie von halblangen Zigarettenspitzen. Oder Garbaty-Zigaretten:

Speziell für die modernen Frauen. Alle Männer und die Hälfte der Frauen hatten sich über kurz oder lang in sie verliebt. Ihr Mann erduldete alles, und er versuchte, was ging, zu übersehen. Dass sie auch Frauen liebte, hatte er fast noch gar nicht bemerkt.

Tagsüber arbeitete Laila zur Tarnung in einer dezent leuchtenden Glühlampenfabrik; nachts jedoch war sie mit ihrer grünen Federboa die seidene bis halbseidene Königin der Straßen. Doreen schritt ebenso verführerisch einher.

Doreen holte sich von dem vielversprechenden Süßwarenladen nebenan einen rosa Lutscher, an dem sie eifrig sog, und sie trank den süßen Saft als Kompensation für alles, was das Leben ihr vorenthielt. Denn da gab es in der Tat einiges. Die Zeiten, und mit ihnen der Staub auf Berlins Straßen, der Staub, der hier so manche Gegenden verfinsterte, hatten sich bereits eingeschrieben in ihr Gesicht. Mit dem Lutscher im Mund lümmelte sie an der Theke der Mulackritze. Da traf sie ihre Großmama. Sie war gerührt. Sie sahen sich so selten. Sie gaben sich die Hand. Die beiden heckten einen großen Spaß zusammen aus – Doreen sollte Laila, der sie gleicht wie ein Ei dem anderen, heute vertreten.

Wie immer mit dem gewissen Prickeln im Herzen öffnet Doreen, die sorgfältig als Laila verkleidet ist, die schwere Tür zur Mulackritze, die die Oberwelt von der Unterwelt trennt. Sie schaut sich um. Einige zerlumpte Halbwüchsige mit großen, aufgerissenen Augen hängen wieder vorm Hungerturm, der gläsernen Theke: Darin prangen Soleier, saure Gurken, Schrippen und Buletten, nach denen die Burschen, die kein Geld haben, Stielaugen kriegen. Im Hinterzimmer hocken wie jeden Montag die Spieler; trotz des Schildes „Glücksspiele verboten" verzockt man hier viel Geld. Gerade sind sie dabei, die speckigen Karten in einer Kartenpressmaschine zu glätten. Sie kleben schon zu fest zusammen. Wütend schleudert Diamanten-Ede das Set durch die Gegend. Ein neues Spiel muss her.

Doreen versucht, den Blick der Omama zu imitieren – was ihr offenkundig ganz ausgezeichnet gelingt.

Heute gibt es beim Sparverein wieder Auseinandersetzungen, und Doreen kann gerade noch zusehen, dass sie nicht ins Handgemenge gerät.

Der Verein macht Jagd auf Knut, den Dürren, Hageren mit dem seltsamen Gesicht. Jemand hatte ihn als den Schuldigen identifiziert, der die leere Vereinskasse geplündert haben soll. Die Kasse hat man ausgekippt und ein paarmal umgedreht; aber sie bleibt leer. Ein heller Aufruhr ist das, was dann entsteht.

Rachegelüste leuchten aus Diamanten-Edes Augen. Die funkeln besonders weit und finster.

Lynchjagd. Zeitraffer, hinter dem Dünnen her. Am Ende haben sie ihn gestellt, ihn eingefangen mit Netz und Harpune. Die kleinen und großen Gangster senden sich zufrieden ein Ganovennicken zu. Sie drücken Knut an die schlecht verputzte Wand. Mit einer Kamera kurbeln sie ein hämisches Photo herunter.

Miserabel gewaschen wirkt auf dem Photo Knuts Gesicht. Drei-Tage-Bart, schmierig, faltige Mundwinkel, von denen Schweißperlen tropfen. Nun rieselt die Fassade, an die sie ihn drücken, dem Boden entgegen. Harte Welten. Geld ist etwas, das entwendet werden muss, und dabei klauen sie den Reichen ihre falsche, lächerliche Identität. Doreen ist Zeugin. Sie erschrickt zwar, doch folgt sie dem Ganzen mit einer gewissen Faszination.

Doreens Großvater, „Diamanten-.Ede", saugt bedächtig an seiner Havanna, bevor der Blickschatten einer Idee von seinen Äuglein über die grobe Nase nach unten wandert. Seine Lippen ziehen sich auseinander zu einem breiten Lachen. Faltig, speckig ist sein Gesicht. Stilvoll, gediegen möchte er sein, doch wirkt er breiig, konturlos. Trotz allem: Die Art, wie er arrogant die Augen halb schließt, um sein Gegenüber dann anzublitzen wie mit schneidenden Edelsteinen, gebietet Respekt. Es ist ein abgeklärter, arroganter Zug, der um seine Mundwinkel spielt. Vor ihm kuscht Knut sofort.

Die anderen folgen ehrfürchtig Diamanten-Edes Blick. Barocker Stuck. Das Hurenzimmer. Verruchtheit mit dem Rauch der Pfeife demonstrativ in die Luft geblasen. Doreens Großmutter war auch einmal Nobelhure gewesen- ein halbes Jahr hat sie diesen „Job" ertragen. Stolz warf sie damals die Freier aus ihrem Zimmer. Das hatte vorher noch keine gewagt. …Es wurde schnell klar, dass sie für diese Arbeit nicht die Richtige war. Für jede andere hätte dies das Todesurteil bedeutet. Sie aber wurde Diamanten-Edes spektakuläre „Gattin". Sie sind ein interessantes und doch urkomisches Paar.

Doreen schaut hinüber – hofft, dass Ede ihr nicht zu nahe tritt. Sonst würde sie ihm einen Tritt in den Hintern verpassen – ebenso, wie die Großmama das auch manchmal macht.

Doreen erspäht eine Schönheit am Ende der Theke der Mulackritze. Ihr blasses Gesicht wirkt wie gemalt. Ihre Augen sind weiß und leer. Ein Gesicht wie ein Loch, wie eine Grobheit, wie der Tod.

Die größte Grobheit

Schreibt sich

So.

Etwas knöchern ist sie sowieso, und totenknöchern tönt auch ihr Lachen zu Doreen herüber. Sie hat sich verkauft. Die Hure wirft mit halbleeren Blicken um sich, Blicke, die alles versprechen und gar nichts geben, und die immer nach mehr verlangen. Zufällig streift ihr Auge Doreen, die mit ihrem faltenlosen Porzellanteint und mit den schwarz blitzenden Sehwerkzeugen eine sehr lebendig wirkende Schönheit darstellt. Die Federboa trägt sie souverän als Großmamas Emblem. Alles Androgyne, das sie sonst von Großmama unterscheidet, fällt aus ihrem Gesicht – jetzt, wo sie spielt. Lässig kaut sie an einer Bulette, die sie aus dem Hungerturm entwendet hat. Vergoldung des Raumes durch ihren Blick. Halb verschlafen, halb intensiv. Für kurze Zeit dann zögert sie, ob sie sich der morbiden Schönen nähern soll, aber es schreckt sie deren Schroffheit und Leere. Bald wird der Sparverein, der noch mit Knut zugange ist, sich ohnehin verkrümeln, denn heute ist Dienstag, ein Abend, an dem sich die Frauen in Männerkleidung ein Stelldichein geben. Doreen findet sich bald in einer gänzlich veränderten Szenerie wieder. Langsam füllt sich der Raum mit Damen; viele von ihnen in Fracks. Schon zieht es sie magisch zur Tanzfläche; ein lustiger, modischer Charleston-Tanz hebt an. Man flirtet, man saugt an langen Zigarettenspitzen, man pafft und man trinkt.

Wie eine Erscheinung fliegt da plötzlich eine Berühmtheit heran, die keine andere ist als Claire Waldoff, die mollige Sängerin, heute in Frack und in schwarz-weiß. Ein Raunen geht durch den Raum, es zieht sich durch von links nach rechts, und wieder zurück. Das ist eine von denen, die aus einer anderen Welt herübergeweht wurden, eine von den Großen ist sie, eine, die die Orte der Verruchten aufsucht, die sich mit ihnen verbindet, die darin ihre Lebendigkeit entdeckt. Claire bewegt sich ungezwungen, hält in ihrer Bewegung inne, festgehalten von Doreens sintihaftem Blick. Fasziniert ist sie von dieser Touristin aus einer anderen Zeit. Sie reißt sich los, geht weiter. Sehr vertraut ist sie mit diesem Ort.

Claire Waldoff holt sich an diesem Abend noch Marlene Dietrich, die sich später hier mit ihr ein Stelldichein gibt. Die überrascht ist über die Verführung durch eine Frau. Es war schon lange Claires geheime Intention gewesen, die Dietrich in die Liebe der Frauen einzuweihen. Hier, an diesem vor Spannung kribbelnden Ort der Verbrecher, genau hier wird ihre Beziehung ihren Anfang nehmen. Paula hat sich jetzt ebenfalls durch die Zeiten gebeamt, durch Doreens Buch hat sie sich gelesen, das auf ihrem gläsernen Schreibtisch mit den Augenaufklebern stand. Jetzt öffnet sie zum ersten Mal die Tür zur Mulackritze. Fiebernder Lärm, käsige Luft hüllt sie in Schwaden ein. Noch etwas zögerlich tritt sie zur Theke. Die sie anfänglich für Männer hielt, sind meistens Damen. Paare schieben sich übers Parkett.

Doreens Blick fällt auf Paula. Schwirraugen, vertrautes Lächeln auf den Lippen. Grammophonmusik gefriert – die Spielerin nimmt sich einen Stein, sie hebt ihn langsam, kickt, eine nach der anderen kommt ins Rollen.

Paula spürt, wie ihr Blut immer heftiger durch die Adern rinnt, als die andere unter schwarzem Wasserhaar zu ihr herüberschielt. Ernst ist in diesem androgyn-schönen Gesicht verborgen, die Maske eines Lächelns. Das lässt Schalter vermuten, die noch ganz andere Stromkreisläufe in Bewegung setzen. Eine Bemerkung, die sich ergreifen und umdrehen lässt, trägt sie weit fort, sie wiegt sie in der Hand wie eine Feder. Engel im Zwischenraum, mit bleiernen Gliedmaßen, schwarzäugiger Engel, der unbeweglich sitzt und jeden Raum verändert.

Doreen zieht Paula mit den Augen zu sich her, dann greift sie langsam nach ihrer Hand. In Tangohaltung stehen sie selbstvergessen da. Die ersten Schritte setzen sie vorsichtig, dann verwandeln sie sich in immer schneller werdende, pure Bewegung. Doreen streicht Paula über den Rücken. Claire Waldorff tanzt mit Marlene auffällig dicht bei ihnen, so dass sie sich fast berühren. Ein Spiel? Paula spürt Doreens Hand an ihrem Körper, das lässt Perlenschnüre auf ihrer Haut zurück. Marlene und Claire immer noch direkt neben ihnen. Nachdem sie Paula hier erneut zum „ersten Mal" begegnete, hat Doreen den tristen Laden umgeschrieben in ein Gedicht.

Später gehen Paula und Doreen zusammen hinaus auf die Straße, die rau ist, schmutzig und leer. Beim Hinausgehen verbeugen sie sich vor der grauen Stadt, die ihnen der Regen ins Gesicht zu peitschen beginnt.

Mit dem Taxi geht es zu Paulas Wohnung. Zehlendorf-West. Der grobe Schlüssel bleibt in der Türe stecken...

Claire und Marlene geben sich derweilen in der Mulackritze eine federleichte Charlestonnummer.

Begeisterung für die Orte, an denen sich das Oberste mit dem Niedersten vereint. Die Filmdiven spielen ihre Rollen perfekt, und sie nehmen sich alle Freiheiten heraus, die Welt der Spießer, die Welt der Hierarchien von den Füßen auf den Kopf zu stellen.

Doreen

Sich ausstrecken auf Luxusbetten, in denen du dich verloren fühlst. In solchen Zeiten, die nicht mehr viel Luxus erlauben.

Plötzlich schreckt Doreen auf, denn jemand wirft ein Steinchen an ihr Fenster. War es der schwarze Schatten, ein Mann, der ihr und

Paula den ganzen Weg gefolgt war, von der Mulackritze bis nach Zehlendorf? Hatte Doreen ihm dieses Zeichen gegeben? Ist es ein Zufall? Fünf Tage später wird Paula in ihrer Wohnung beraubt.

In ihrem neuen Leben wird Paula nach Kreuzberg ziehen. Es ist eine vom Verbrechen enorm gepresste Zeit. Zusammengequetscht wie eine Zitrone. Alles ist möglich hier, das sonst nicht denkbar ist, und genau diese Instabilitäten ziehen die Oberen Zehntausend an wie die neugier-hungrigen Motten das Licht.

Film, Gelächter, Freiheit, Glitter, Huren, Fiktion, Spott und Prügeleien.

Die Bücher, die Doreen liest, die Filme, die sie sieht, sie falten sich über ihr zu Pappmachéhäusern. Zu Häusern aus Pappe, die undicht werden, in deren Ritzen der Wind durchpfeift. Die 20er Jahre, Miro, Erika, Marlene. Die Mulackritze, und die Gangster.

Paula zu Doreen:

„Du kommst herein und setzt dich neben mich, so dass ich erschrecke.

Du fasst mich am Arm, du nimmst meinen Kopf in beide Hände, du küsst mich, der Block mit einer Skizze, von deinen Zeiten, von deinem Leben fällt auf den Boden. Doreen schaut Paula an, und alles, was sie über sie geschrieben hat, wird für sie wahr in diesem Moment.

„Ich will dir sagen, wer ich wirklich bin", meint Doreen nach einigem Überlegen, und setzt sich leise zu ihr. Endlich kann Paula sie so sehen, wie sie ist. Indem sie sie ansieht, indem sie ihr Leben mit ihr teilt.

Flucht und Reisen

Doreen gähnt. Sie streckt sich, faltet sich auseinander. Sich zu finden, in einer Welt, die ihr fremd ist, ist manchmal schwer. Sie möchte weggehen. Abhauen möchte sie vor ihr. Sie selbst hat sich jetzt neu geschrieben. Und Paula hat Doreen auch neu schrieben auf leeres Papier.

Die Lust, in ferne Länder zu reisen, war bei Paula ebenso präsent wie bei Doreen. Doreen blättert, ein blassrosa Getränk in der Hand, jetzt in ihrer Miro-Biographie, um zwischen den Zeilen zu lesen.

Miro kehrt der Schweiz den Rücken, um nach Afghanistan zu reisen.

Macht Photoreportagen in Amerika. Oder schreibt über Persien, wo die Natur so riesig ist, dass sie sie beinahe verschluckt. Zu viel an Freiheit genossen? Ja, kann das überhaupt sein? Sie sehnt sich nach einem Leben, das wirklich wild ist und frei.

Dabei war Miro immer unterwegs gewesen. Was will sie denn, hier, im Nazieuropa? Was tun? Wie denn nicht stagnieren—wie Verdrängte, Versprengte. Wo doch jetzt andere das Bild bestimmen. Es hässlich machen, Gefahr bedeuten. Reisen, wenn andere ermordet werden. Reisen auf der Flucht vor dem Unruhigen, weg vom kriegsumklammerten Europa. Paula erinnert sich an ihre eigene Reise mit Doreen, die ebenfalls zu einer Art Flucht gerann.

Je mehr Doreen über Miro liest, umso mehr packt sie die unbändige Lust nach der Ferne. Reisen kann bedeuten, Geschichten zu erleben, sich in Filmen wiederzufinden. Reisen beginnt meist sehr real.

Wo auf der Welt ist es am schönsten? Am schönsten ist es da, wo einzelne Farben die Landschaft bestimmen. Grün und gelb oder orange und blau. Kaum daran zu denken, während die Pakete an Paula vorüber gleiten, denn sie jobbt gerade bei der Post. Hier liegt überall Pappgeruch in der Luft und ihre Ohren werden vom Lärm der Postwägen ganz taub.

„Was wird dir übrig bleiben von diesen Farbgenüssen", fragt Paula. „Am Ende wirst du zurückgeworfen, dahin, wo du herkommst. Auf dich selbst." Und eins der Pakete, das schwerer ist, als sie dachte, landet direkt auf ihren Füßen.

Paula will jetzt Bäume sehen, die Platz haben, sich ausbreiten, Raum greifen, Bäume, die alles grün werden lassen – mit den Augen will sie an keine Ecken mehr stoßen. Paula findet ihren von Arbeit trüben Blick in den Schläfrigkeiten der Bäume und der gelb-braunen Felder wieder, nur weg von den in Folie gepressten Stadtgedanken.

Eines Tages ist es soweit, und Paula und Doreen steigen zusammen in den alten Citroën, fahren übers Land, der Ostsee entgegen.

Auf Rügen machen sie endlose Strandspaziergänge – ein bisschen Zeit erkauft und nur, um in der Sonne zu blinzeln – durch Wälder streifen, Schlendern am Strand, mit Kies zwischen den Zehen, und dort verbuddeln sie all ihren alten Stress im Sand, und das Gefühl, sich verrannt zu haben. Im Spätkauf in Sassnitz holen sie ein paar Flaschen Bier; Fischbrötchen am Hafen, den Abend verbringen sie mit Poker, mit Getränken, Chips und Zigaretten. Zwischen den Partien manchmal Küsse. Die Wochen sind lang am Meer, hinter den Klippen, kleinen Wellen verschwinden sie, und auch die Tage am Horizont.

Der Bach der Zeit tropft, bis er zum Stillstehen kommt.

Paula und Doreen immer zusammen – das scheint der Grund für

die Zeitlupe, in der sie sich bewegen. Sie schauen sich fragend an. Da ist jetzt nichts. Dann plötzlich Gereiztheit in den Augenwinkeln. Wo ist das erhebende Gefühl, ausgelöst von der Gegenwart der anderen? Jedesmal, wenn Langeweile aufkommt oder Streit, wird etwas intervenieren. Dann werden sie gemeinsam eine Geschichte erleben. Sie werfen eine DVD ein, die sie in der Hotellounge fanden.

Spiegelung. Eine Seenstraße führt geradeaus. Rapsfelder streuen ihnen ihr Gelb in die Augen. Der Weg wird enger. Reifenpanne. Es ist schon spät. Kein Handy dabei, in einsamer Gegend. Sie beschließen, hier irgendwo zu übernachten.
Zu Fuß erreichen sie ein Motel. Dort gibt es nur Töne von Schwarz-Weiß. Ein hagerer Mann öffnet die schlecht verputzte Tür. „Arne Asen" stellt er sich vor. Das Haus ist dunkel.

Nach dem Einchecken lässt sich Doreen auf einen der Stühle in der Motellounge nieder, den sie davor von seinem Staubschutz befreit. Sie sieht sich um. Nippes überall, die an den Geschmack einer alten Dame erinnern. Gondeln von Venedig, vergoldete Madonnen, Pudel aus Porzellan. Die Tür steht offen. Auf dem Flur kann sie die süßliche Gipsstatuette einer weißhäutigen jungen Frau erkennen. Paula setzt sich in einen der blassgrünen, samtenen Sessel, Doreen kauert sich in einen roten neben ihr. Der Zimmerwirt ist noch an der Rezeption beschäftigt. Obwohl sie offensichtlich die einzigen Gäste sind.
Sein schwarzes, halblanges Haar ist mit Pomade gegelt. Die Hagerkeit seines Körpers, das Ausgemergelte seiner Züge erschrecken. Unmoderne Hosen aus Taft. Ein graues, schüchtern wirkendes Ge-

sicht. Sein Blick schweift dann und wann herüber, hält vielsagend an, bevor er ihnen begegnet.

Doreen verschüttet einen Schluck Cola auf dem Boden. Bloß einen Momentlang, nur Paula, die noch an der Rezeption steht, hat es gesehen, schwillt die Zornesfalte zwischen seinen Augen an. Er rennt in die Küche, holt einen Lappen, putzt an dem Fleck herum. Geht dann fort, ohne die Frauen noch eines Blickes zu würdigen.

Paula und Doreen legen sich diese Nacht zusammen in das Bett in ihrem fahlen Zimmer, dessen Wände mit seltsamen Bildern spöttischer Nymphen behängt sind. Die Luft ist trocken und staubig. Doreen juckt es vor Nervosität.

Ihr Unbehagen beflügelt die Phantasie. So glaubt sie, den Schatten eines Arms zu spüren, über ihr, im Dunkeln. Paula meint für einen Augenblick, Miro auf dem billigen, nachgemacht barocken Sessel sitzen zu sehen. Sie lächelt ihr zu. Geräusche, ein Räuspern, eigentlich das Fehlen eines Klanges.

Der Himmel dehnt sich langsam dem Dunkel entgegen. Glanzlos geht die Sonne unter, als täte sie es zum letzten Mal. Ein Rascheln, an den Rändern abgebrochen, nervös, bedrohlich, offen.

Paula zündet sich eine Zigarette an. Etwas Asche fällt auf den Boden. Brennt ein Loch in den fahlgrünen Teppich. Sie zuckt zusammen. Schon wieder etwas kaputt gemacht. Sie fühlt jemanden hinter sich, wie sich sein Blick in ihren Rücken bohrt. Nervös wischt Paula mit einem Papiertaschentuch die Asche vom Boden. Beim Aufrichten erkennt sie eine ältere Frau mit halblangem, silbergrauem Haar. Sie trägt die Frisur einer jüngeren. Sie blickt in die Züge eines goldgerahmten Bildes …

Da später beide schwierig in den Schlaf finden, blicken sie lange auf die Risse in den Wänden. Dann beginnen sie leise, sich zu unterhalten. Über Reiserouten, Abzweigungen, Fahrtenschreiber. Zu benommen sind sie von dem Ort, als dass sie sich hier lieben könnten.

Sie umarmen sich und dämmern, gegen zwei Uhr, einem unruhigem Schlummer entgegen. Da plötzlich: Ein Geräusch. Es geht, sehr leise, die Tür. Warum hatten sie sie abzuschließen vergessen? Der Zimmerwirt, der jetzt wie ein Spuk durch den Türspalt lugt, hat die gefrorenen Augen auf sie gerichtet. Paula fällt auf: Er hat denselben Haarschnitt, dieselbe Haarfarbe wie die Frau auf dem Photo, und derselbe herrische Zug umspielt seinen sonst oft verlegenen, alt gewordenen Mund. An seinem Blick erkennen die Frauen im gleichen Moment: Er ist verrückt.

Der Zimmerwirt weicht zurück. Sein Blick ist wieder wie früher. „Brauchen Sie noch etwas?", murmelt er.

Er versinkt in Gedanken, ist verwirrt. Hatte Mutter ihn geschickt, um nach den Frauen zu sehen? Er kennt sich plötzlich nicht mehr aus. Der Flur steht schräg. Benommen entfernt er sich von diesem Zimmer. Versucht vergeblich, sich zu fassen.

Endlos lange ist niemand mehr hier vorbeigekommen. Jedenfalls niemand, der die Grauheit des Ortes durchbrochen hätte. Kein Wunder, dass er die beiden Frauen als Eindringlinge empfindet. Und damit nicht genug, er fürchtet, er fühlt, sie scheinen jene besondere Seite in ihm zu wecken – die Mutter solange im Griff gehabt hatte.

Ja, Mutter – so sehr er sie auch liebt, mit ihrem überhandnehmenden Wunsch, ihn zu beherrschen, ängstigt sie ihn, ohne, dass er es zugeben will, manchmal sehr.

Zu viele Frauen, das macht ihn als Sohn, als Mann auf einmal trocken, klein und leer. Und Mutter mag das gar nicht leiden, wenn sich andere Frauen in seinen Augen spiegeln. Er weiß nicht, wo das noch hinführen soll.

Wie schon so oft, schaut Arne Asen zu der Statue im Flur hinüber. Filigran, bildschön, liebreizend strahlt sie in gipsernem Weiß–doch ist sie nicht abgestaubt, mit abgebrochenen Armen. Die Statue hatte bei ihm immer den Eindruck einer lebenden Person erweckt. In ihr hatte er ein Mädchen gesehen, das über die Wiesen tollt, das früher einmal, in alten Zeiten, fröhlich – und barfuß – in den Städten herumirrte – in Griechenland vielleicht, oder im alten Rom. Mit einer leichten Toga bekleidet. Der klassische Zug um ihren Mund scheint ihm zugunsten von etwas Teenagerhaftem, Leichtlebigen verändert.

Er hat die Statue oft in seinen Träumen besessen. Und wie weich war ihre Gipshaut da gewesen! Er hat sich immer wieder an sie geschmiegt. Er hat mit ihr gesprochen. Dann ist er im Traum in sie eingedrungen. Aber jetzt ist er ihr untreu geworden. Deshalb sieht sie verächtlich zu ihm herüber.

An die Statue zu denken ist etwas anderes als die Obsession, die ihn bedroht. Die beiden Frauen, sie sollten nicht hier sein, sie sollten hier nicht schlafen, Arm in Arm. Sie sollten sich nicht so unerwartet bewegen. Er späht durchs Schlüsselloch. Noch ist seine tote Mutter nicht ganz wach. Erst später wird sie wieder hier sein, und er hofft, sie wird ihn nicht anweisen, alle, die sie stören, aus dem Weg zu räumen.

Seine Mutter mit dem gedrungenen, benebelnden Körper, mit den seidenen, durchsichtigen Schlafgewändern über den Schenkeln. Ihre Präsenz ist überall im Raum zu spüren. Hier sitzt sie so gern. Unter ihr wird ihr Sohn zum Nippes, zur kitschigen Figur. Auch, wenn es manchmal so aussieht, als sei sie tot. Aber das täuscht. Sie ist überall.

Jetzt bröckeln die Gedanken des braven Sohnes an die Mutter ab.

Sie hindern ihn nicht mehr, sich den beiden Frauen zu nähern. Außerdem, es ist ja immer Mutter, die diese Art Aufträge erteilt. So wie in diesem Moment. Immer enger werden die Kreise, die er um die Frauen zieht.

Mit Mutters Meinung geht er konform. Letztendlich ist es Mutter, die ihn antreibt. Es muss sein…

Dennoch, etwas in ihm scheut den harten Schlag, mit dem er ihnen und sich selbst ewige Ruhe verschaffen könnte. Er wird ihnen besser etwas zu trinken geben. Werden sie klein beigeben? Sich töten lassen? Und damit so werden wie Mutter, wie die Statue, und ja, auch wie er selber?

Wie beruhigend. Wenn er es getan hat, wird nichts mehr da sein, das eindringen könnte, nichts mehr, was seine Gefühle über Gebühr beanspruchen könnte.

Seine Gedanken schweifen ab. Die Hänseleien seiner Kindheit. Die Klassenkameraden, die ihn einfingen und verspotteten. „Muttersöhnchen", hatten sie ihn genannt. Der kleine Arne wird bei dem Gedanken mucksmäuschenstill. Wie ein Drückeberger.

Auf dem eisigen, schwarz-weißen Flur zündet er sich hastig eine Zigarette an. Er liebt seine Mutter, die sich schon so lange aus dem Nebenzimmer nicht wegbewegt, und die doch täglich und stündlich mit ihm spricht. Er liebt auch die Statue, ihren Stillstand, wie seine Mutter. Die Frauen aber hasst er und begehrt er.

Zwei Frauen sind ihm eine zuviel. Wie eine Spinne fokussiert er ein einziges Opfer. Die andere muss er loswerden, um die Doppelung nicht ertragen zu müssen.

Kein Zufall, dass es in einem Moment geschieht, als Paula, erst schlaftrunken, dann mit einem unangenehmen Gefühl hellwach, im Flur nach der Toilette tappt. Der grüne Becher ist etwas, das Farbe bringen kann in sein ergrautes Leben. Alles zieht ihn magisch zu Doreen.

Er stürzt sich mit den Augen auf sie, zusammen mit dem tödlichen Drink hat er eine Orange mitgebracht, ein zweiter Farbtupfer, die zerdrückt er über ihrem schlafenden Gesicht, und ihre Mundwinkel zucken.

Mit seinem Becher will er ihre Lippen befeuchten. Becher des Todes, der Verachtung. Mit der giftigen Flüssigkeit will er ihre Zunge benetzen. Sie dann nehmen. Wenn sie sich nicht mehr rührt. Danach wird er sich auf die andere stürzen. Wenn sie zurückkommt.

Doch Paula kommt früher als erwartet, in dem Moment, als er Doreen mit eisigem Arm umklammert, um den Becher an ihren Mund zu drücken. Er spürt es auf der Haut, wie sie ihn ansieht, er reißt den Kopf herum und schaut zurück.

Ein Zwinkern hätte bereits tödlich sein können. Paula bezwingt ihn schließlich doch. Wie sie blau zu blinzeln vermag aus ihren Augenwinkeln. Ihre Hände umklammern seine Handgelenke, wütend ist sie, sie drückt und quetscht, der Becher fällt ihm aus der Hand, und grün benetzt die Flüssigkeit den Boden. Dazu Stücke und Saft der Orange, den er unwillkürlich durch seine andere Hand rinnen fühlt. Paula ist, im Mut der Verzweiflung, jetzt wieder zu Kräften gekommen. Doreen springt aus dem Bett und hinter sie. In diesem Augenblick sind sie sich ihrer Vertrautheit und Stärke bewusst, und dessen, dass sie den Mörder zusammen eindämmen können. Der Film wird ein anderer. Die Furcht der Frauen ist vorbei. Arne Asen weicht langsam, Schritt für Schritt, zurück.

Die Liebenden nutzen die Gunst der Stunde, seine Schwäche, ihre Energie. Sie fesseln ihn mit einem Kabel ihres Laptops, das auf dem

Nachtkästchen liegt. Sie bilden ein unbewegliches Brett, in das sie ihn einlassen mit eiserner Hand, sie brennen sich ihm in die Schläfen. Ihre Wut ist endlos, sie werfen ihn auf sich selber zurück, so dass er sie, geblendet, nicht mehr sehen kann.

Er weiß, sich zu wehren ist zwecklos. Er wird nun selbst zur Attrappe, zum Statisten in einer Posse. Ein Pappmachémann, der nach dem Willen der Ladies tanzt. Wie ein Spielzeugauto lassen sie den Ferngesteuerten über den Fußboden fahren. Die beiden spielen Karten mit dieser Figur, und sie sind immer siegreich jetzt. Der Abend dehnt sich langsam, nach und nach sind Paula und Doreen auch die letzten Reste von Furcht verhaucht, und ihre lange nicht mehr bange Lustigkeit spürt man durch die schlecht verputzten Wände. Wenn sie jetzt einen Knopf bedienen, sagt der Mann einen Satz. Wenn sie ihn sitzen lassen, bleibt er still. Wenn sie ihm etwas einprogrammieren, spricht er es schnarrend nach. Er amüsiert sie, das ist wahr – und immer noch könnte er sie erschrecken. Blassgrün blitzt es aus seinen Augen, der Neid der Mutter. Grün phosphoreszierend steht das Getränk in der Ecke, das Getränk, das für Doreen bestimmt gewesen war.

Die Frauen verbringen die Nacht ohne Schlaf. Sie wollen sich umarmen. Vergessen die willenlose Gestalt, die eingenebelt ist vom Dunst ihrer abwegigen Gedanken. Selbst jetzt. Sie haben keine Angst: Die Attrappe des Verrückten bleibt, in sich versunken, als beobachte sie ihr Tun. Der mehrfache Frauenmörder sieht ihnen zu, ein kleines Kind, unfähig zu jeder Bewegung.

Am Morgen packen sie ihre Koffer, zünden sich eine Zigarette an. Doreen, die Neugierige, wirft noch schnell einen Blick in den Salon des Wirts. Der Raum ist von einem eigentümlichen Geruch erfüllt.

Das Gerippe der Mutter thront, in einen rosa Morgenrock gekleidet, in ihrem Sessel, eine Teetasse noch in der Hand, und herrscht von dort aus über den Sohn. Angewidert wendet Doreen sich ab. Die schwere Haustür fällt ins Schloss.

Doreen winkt Paula. Der Film ist beendet. Nachdenklich gehen sie zusammen zum Wagen. Es ist Zeit zurückzufahren.

Brötchen an Raststätten, vollautomatische Klos, komm näher, Berlin. Küsse in den Toiletten der Rasthöfe. Polnische Reisebusse, die sich bereits vermehren – die Avus gerät in Sicht.

Wieder zuhause.

Nach ihrer Rückkehr malt Paula ein Portrait von Doreen. So, wie sie sie auf der Reise erlebt hat. Und sie sind wiederum ganz eng zusammen.

„Komm rein", sagt Doreen, als Paula sie besucht. Paula sieht sich heute um, als sei sie zum ersten Mal hier. Da hängen überall Bilder, von Miro, von Doreens Hund und Katze, und Fotos von ihren Freundinnen auch.

Doreen liebt diese Menschen und Tiere. Die Wildheit ihrer Vergangenheit. Augenblitzen bloß noch unterhalb der Oberfläche.

Doreen wird nachdenklich über den Rätseln, die sich ihr auftun – ihr Blick lässt erkennen: Sie sucht Stücke, Fetzen, Scherben, sie lässt die Teile des Puzzles ineinander fließen, bis sie einrasten, klick, zum Ganzen werden. Da klafft noch eine sehnsuchtsvolle Lücke auf dem weißen Papier.

Morgens kneift Paula Doreen in den Arm, damit sie endlich aufwachen soll. Beim Spiegeleierbraten kriegen beide Lust zu baden.

Zwischen halben Küssen lässt Doreen das Wasser ein. Badephantasien.....

„Doreen. Schaumschreiben. Verblasster Schaumschatten, der zurücktritt, du steigst heraus und flutest die Ufer, blaue Meerschwingen über unseren Hüften, ein Zwinkern von dir, das meine Augenfarbe verändert. Da stehst du im lauwarmen Wasser, und ich wecke dich aus deinem Orphus-Schlaf.

Vielleicht rasen wir aufeinander zu, vielleicht schlägt mir noch einmal dein Lachen ins Gesicht.

Und immer geraten wir aneinander, und immer wieder in den Badeschaum geschriebene Blicke.

Doreens Lachen fängt Paula ein – sie hat es nämlich nachts hier herumschwirren sehen – bis Doreen es schließlich ganz aus ihren Blicken schält. Und Paula denkt nur noch an morgen; an die Tollerei von Doreen. In ihrem Lachen liegt der Zugang zu tieferen Untiefen verborgen, ihr Lachen baut sich auf, Vertrauen, an ihrem Lachen wird sie sie erkennen. Diese Morgene in der Wanne sind es, die sich nicht ohne weiteres wegwischen lassen mit einem nassen Schwamm.

Kurz bevor ihnen die Luft ausgeht, schießen Paula und Doreen nach oben. Sie sehen sich an und werden stumm, Erinnerung der Worte unter Wasser schwirrt in ihren Köpfen, sie fangen an, ihre Stummheit zu genießen wie den Abstand zwischen ihnen, zwei Meter, die sie trennen und die die Stromstöße weiterleiten. Dies setzt dann wieder einen Magneten in Gang. Doch als sie ineinander stürzen, fallen sie gegen ein bleiernes Etwas, sie haben nur noch Augen, um sich in schneller Folge Botschaften zu spiegeln, (in der Farbe von geschmolzenem Metall), sie ergießen sich, werden fest auf dem Meeresgrund, doch kommen neue, ein dichter Strom, das Meer ist jetzt von ihren Fäden durchzogen, rote, glimmende, manchmal starre, verfestigte Einsprengsel, die Pflanzenformationen gleichen.

Als sie müde werden vom Schwimmen, stellen sie sich auf dem Meeresgrund ab, es ist nicht leicht, sich dort zu halten, wenn eine meergrüne Woge der Lust auf sie zurollt.

Schließlich rutscht die Sanfte mit einem Fuß aus, verliert das Gleichgewicht, sinkt in ein Sandloch. Dort trifft sie einen verknorpelten Kugelfisch, auf dessen Rücken sie eine Zeitlang reitet, dann sieht sie wieder den Fischschwarm aus Worten an sich vorüberziehen, sie nimmt sie mit auf in die Stille ihrer Augen, die, schweigsam und sprechend zugleich, Paula spiegeln.

Paula hält Doreen spielerisch unter Wasser, neckt sie, drückt sie runter, schaut in den Himmel, träumt Doreen. Dabei vergisst sie die Zeit. Doreen könnte jetzt grün werden vor Algen, und blass. Einen Tick zu lange, und schwer wird ihr die Luft. Sie macht sich los. Dann taucht sie auf. Ihre Perplexität ist zwischen den Augenwinkeln gefangen. Verändert. Die Zeit zieht sich lang mit diesem Blick. Doreen steigt aus der Wanne – wo Paula noch so lange mit ihr drinbleiben wollte. Doreen sagt kein Wort. Langsames Absacken des Vertrauenslevels. Sie trocknet ihre Beziehung mit dem Badetuch weg. Die Freude über die andere rutscht unter Wasser, ohne festen Grund unter den Füßen geht sie auf Tauchstation.

Doreen taucht in Erinnerungen ein. Einmal, da wäre sie beinahe in einem See ertrunken. Dann, zur Zeit der Wende, wurde sie fast überrannt. Jetzt taucht sie auf aus diesen Gedanken. Das Ankerseil, das sie mit Paula verbindet, ist zerrissen.

Der Fernseher läuft, bald sitzen Paula und Doreen davor. Vor ihnen flackert das Bild, ein Störsender, der sich, hochaufgelöst, zwischen sie schiebt.

Zweifel und der Gedanke der Trennung machen sich zwischen ihnen breit. Sie hören auf, sich zu begegnen.

In der Erinnerung an dieses Unter-Wasser-Erlebnis verbünden Paula und Doreen sich jetzt mit Franzi und Anne, in ihrer Art, ihre Partnerinnen argwöhnisch zu beäugen.
Franzi bewegt sich meist sehr vorsichtig durch die neue Welt. Die Kette der Bündnisse, die Fessel des Argwohns zieht sich von Frau zu Frau, verbündet die Freundinnen, spaltet die Paare. Spaltet die Freundinnen, verbündet die Paare.

Martha und Franzi
Martha aus Hannover ist Paula schon früher begegnet. Martha und Paula haben sich Flugwelten geteilt – Zeiten, in denen sie ganz einfach euphorisch waren. Paula hatte Martha als besonders empfunden. Sie hatten die Literaturcafés zusammen unsicher gemacht. In Marthas Gegenwart wurden die Dinge aufregend und fein.
Paula macht Franzi und Martha im langen Schlauch des SO36 miteinander bekannt. Sofort ein „Klick". Blicke schärfen sich füreinander. Reiben sich. Sie spielen sich die Bälle über die lächelnde Paula hinweg zu. Franzi erkennt sich wieder. Martha erkennt sich wieder. Aus Situationen heraus, die sie, ohne einander, schon auf ganz ähnliche Weise durchlebten. Von jetzt an werden sie es gemeinsam tun. Franzi will Martha haben. Und dass Martha heute mit ihr mitkommt, ist klar.

Die erste Nacht ist sanft. Im Prenzlauer Berg, während der Wind über die Köpfe streicht.

Die beiden teilen sich täglich das Frühstück in Franzis spärlich eingerichteter Wohnung – ebenso das Anklopfen, das Näseln, das Verbreiten von wundersamen Klängen eines großnasigen, gutmütigen Tieres. Franzis Saxophonspiel wird nach kurzer Zeit barock und golden. Franzi kann dem Instrument Töne entlocken, die tief aus ihr heraus hauchen. Jetzt leiht sie ihre Stimme einer ausgesuchten kleinen Frauen-Jazzband.

Martha und Franzi teilen sich die Matratze am Boden, das Licht, das zehn Stunden am Tag lang freundlich hereinschaut.

Die beiden sitzen am Frühstückstisch. Sie teilen sich die sanfte Berührung ihrer Körper, die Kunst, und Marthas wilde Off-Theater-Stücke, die so aufregend sind, wie sie selbst, die Stücke, die sie schrieb und die sie zusammen immer aufgeführt sehen, das berauschende Gefühl auf den Bühnen, die Verwirklichung leidenschaftlicher Ideen.

Franzi sitzt in Marthas Theater fast immer im Publikum. Fast bei jeder Aufführung lässt sie sich inspirieren von Marthas bunten, manchmal erschreckenden, berauschenden Farben, von ihrem virtuosen und mitreißenden Spiel mit Gefühlen. Immer wirft sie ihre Töne dazu. Marthas ruhiges sanftes Äußeres, und ihre mitreißende, eruptive Art. Kein Mensch kann das zusammenbringen, der sie nicht kennt. Franzi sieht Martha bewundernd bei der Arbeit zu, sie schlendert in Gedanken Saxophon spielend über die Bühne. Martha will ein Stück über eine blonde Saxophonistin aus dem Prenzlauer Berg schreiben. Eine wüste, wilde Mischung, Martha und Franzi. Zeit schreibt sich jetzt wieder in die beiden ein. Die Zeit, die sie zusammen verbrachten. Wie lange? Altersunterschied, die unterschiedliche Herkunft ist Wachstum und Verjüngung. Alles läuft, bewegt sich, wenn sie zusammen sind. Zeit verstreicht, spielt virtuos mit ihrem Leben.

Dann das Ende.

Nichts ist passiert, außer, dass Martha bei einer kleinen Angewohnheit Franzis ein wenig die Augenbrauen hochzog. Warum bloß musste das das Ende sein?

Von einem Tag auf den nächsten kann sie ihrer Freundin nicht mehr in die Augen schauen – sie stößt ihre Geliebte weg und lässt sie springen, als ob sie die falsche Seite eines Magneten sei. Zwei Tage lang schweigen sie sich an, und Martha zermartert sich das Hirn. Nichts Echtes kann sie an ihrer Beziehung mehr finden. Sie ist wie von Sinnen. Denkt an das Schöne, Überschäumende, Schräge, das sie teilten.

Dann ein Anruf.

„Ich konnte dich nicht mehr ertragen. Ich lös mich auf, wenn du in meiner Nähe bist." Die Auflösung steht Franzi ins Gesicht geschrieben. Gemeinsames Blühen, Wachsen, größer Werden. Und was sie sonst noch alles teilten.

Schluss machen, und das, obwohl die Halbnähe und das Suchen immer wieder in verwirrender Weise zurückkehren wollen.

Zwei Monate ist Martha sprachlos. Dann wird ihr Kopf klar. Sie schreibt ein Stück, in dem ihre beste Schauspielerin die wunderbar charmante Hauptrolle einer Saxophonistin spielt. Und einer Dichterin. Es wird eine glückliche Liebesgeschichte, und es ist das Stück, mit dem sie den großen Durchbruch schafft.

Seit ihrer Trennung geht Franzi selten in die Szene. Lauscht den Soli berühmter Saxophonisten, spielt sie nach, geht darin auf, vergisst – mit dem Saxophon, ihrem Tröster. Das Saxophon wird zu Martha, es verschlingt sie, damit es sie zu Tönen werden lässt.

Franzi träumt auch vom Flirren hoher Laute in der heißen Luft, und manchmal denkt sie nur noch daran – Klanggebilde, die von einer vergessenen Welt erzählen und von der großen Müdigkeit. Einmal einschlafen können inmitten von dem pulsierendem Leben, das so voll ist von übersteigertem, halblebendigem Wachsein. Wenn sie erst da hineinspringt, dann hofft sie auf etwas Licht über dem zerbrochenen Bogen, der sich zu ihrer Liebsten spannt.

Jedes Sandkorn möchte sie jetzt einzeln bespielen, es treffen mit ihrer Musik und mit den Tönen, die sie vor Missverständnissen schützen. Sie spielt überall, wo sich der Raum dazu findet, doch würde es jemals so klingen wie in ihrem Kopf? Ja, sicher, das würde es... bestimmt...

Anna

Anna ist umgezogen. Wohnt jetzt allein – und kommt damit nicht besonders gut klar. Die Zeiten sind eben so, und sie versteht das alles gar nicht mehr.

Immer noch kaut sie an ihrer Beziehung, die vor einem halben Jahr zu Ende ging. Aber da sind noch die Papageien, die sie zeternd umfliegen, die Hunde, die sie umbellen, die Chinchillas, die sie umflitzen. Anna lebt nur für ihre Tiere. Mit ihnen und mit den langsam sich ausdünnenden Gedanken an Ulla.

Die Tiere bringen sie dazu, dass sie sich selber spürt. Doch gibt es Tage, die sind wie ein Sieb, begrenzt und leer; sie fühlt sich, als hätten ihre Freundinnen sie verraten.

Was Anna sich denkt

„Da ist alles in meinem Kopf, was einmal war. Singen, brandendes Gemurmel, Rauchschwaden. Erinnerung, süße. Da ist der Brunnen, in den meine Gedanken fallen. Brunnengedanken. Vertrieben. Du in einer Ecke meines Kopfes. Lachfalten in deinen Augenwinkeln. Kopfgeburten. Das Plumpsen, wenn reife Ideen von den Bäumen fallen. Ein Zug von Ullas Zigarette. Und immer schütteln sie über mich den Kopf."

Eines Morgens aber – sie dreht sich noch mal um im Bett – dann steht sie auf, beginnt unter der Dusche die Traurigkeit abzuschütteln wie ein nasser Hund. Heute kann ihr keine etwas anhaben, und sie genießt das Alleinsein. Als sie rausgeht, um Brötchen zu holen, hat sie aufgehört, sich über den Asphalt zu verstreuen. Sie hat auch aufgehört, in ihren eigenen Augen so lächerlich zu sein. Springen wird sie, über Ecken, mit einem Lutscher im Mund. Vor Freude, wenn es Tage gibt, an denen sie sich selbst so ganz fest und dicht wieder spürt. An diesem Tag beschließt sie, Sambatanzen zu lernen.

Paula schreibt in ihr Tagebuch:
„Du malst blaue Schatten an die Wand, die du erklimmst, du fällst, rutschst ab, erspürst eine morgendliche Frische, in deinen groben Knochen fühlst du das Kommen eines neuen Tages."

Aber die Trennung zwischen Paula und Doreen ist definitiv.

Paula
Zeit ist vergangen. Viel Gold ist den Fluss hinunter geflossen. Doreen ist zu Doreen Ninive geworden. Doreen Ninive sitzt auf dem Stuhl von Doreen, und Paula macht sich Gedanken über die Ähnlichkeit der Namen.
Doreen Ninive ist die Ägypterin, die Paula ihr Profil entgegenstreckt. Die antike Schönheit. Sie hat ihre Haare zu vielen dünnen Zöpfchen

geflochten. Sie lächelt Paula an mit durchscheinendem Blick. Aber Paula lässt Doreen Ninive heute gehen, trotz der Blicke, die sie als trübe Netze ausgeworfen hatte nach ihr. Die Malerinnen, Paulas Freundinnen, sie haben stattdessen ihren Tag bemalt. Die Kunst ist zurückgekehrt in Paulas Leben. Immer das Tippen von Seiten, Finger, die über die Tasten huschen und geheime Worte ans Laptop flüstern.

Frauenparty auf der MS-Sans Souci, und da sieht Paula Doreen Ninive wieder.
Die Schöne auf dem Boot in dem Fluss, der eine Grenze bildet. Doreen Ninive ist nicht Doreen. Doreen Ninive, das ist die mit den flüssigen Gedanken, die mit dem zerfließenden Gesicht, mit einem Gesicht, das heute noch hell ist. Doreen Ninive und Paula werden sich näher kommen.
Da sind auch wieder Paulas Freundinnen, die Malerinnen, die die Farben des Morgens auf eine Leinwand werfen. Was wird Doreen Ninive ihr heute geben? Echte Farben oder das Flirren einer Fata Morgana? Sie bewahrt sich ihre Einsamkeit. Und trotzdem küsst sie Doreen Ninive heute zum ersten Mal.

Die Venus sitzt einen Beedie rauchend neben ihnen an der Bettkante. Die Venus sagt „ allo" und lacht ihnen zu. Kühlen Auges wirft sie ihre Gedanken an den Rand des Bettes, die Begehrlichkeit, die sie schenkt, schäumt unter dem Bettrand hervor.
Vielleicht wird sie zurückfliegen, sich wieder in ihren Sternenhimmel setzen – weil nur so wenige bis heute an sie denken. Vielleicht aber wird sie bleiben. Denn Ninive ist noch mit Paula hier. Die Venus wirkt unentschlossen. Paula ist es auch. Ninive erzählt ihr ihre Ge-

schichte. Sie ist Designerin geworden, und heute ist sie arbeitslos. Ihr schöner Mund lächelt.

Paula hat in Doreen Ninive eine Freundin gefunden. Sie findet sich in dieser Freundin nicht wieder. Unruhe erlaubt es ihr nicht, sie anzusehen – Augen, die ihr vertrauen.
Kein Fadenzug. Merkt sie es nicht? Paula rührt den klumpigen Zucker im Glas. Sie findet sich in einem Zwischenreich wieder. Wenn sie mit Doreen Ninive im Café sitzt, spürt sie sich selbst nicht mehr.
Zwei Monate hat die Liaison gehalten. Und Paula denkt, dass eine solche Vermischung mit jemand so Fremdem doch etwas sehr Eigenartiges ist. Eigentlich kommt sie damit auch ganz und gar nicht klar.

Paula geht spazieren.
Die Felder sind gestreift. Sie setzt den Fuß auf den sandigen Boden, die Sonne scheint auf ihr Gesicht. Gedanken an ein fröhliches, heiteres Leben balanciert Paula vor sich her, und sie trainiert ihre Zehenspitzen. Wieder ist sie angekommen in einem neuen Leben.
Die Panke, das kleine silberne Band entlang, und ab durch das stille, von Wenigen nur gesehene Paradies. Hier ist sie auch schon mit Doreen gewesen. Jetzt lassen sich ihre Erinnerungen nicht mehr vertreiben, denn sie kann Doreen, die sich von ihr getrennt hat, nicht vergessen. Trotzdem hat sie das Gefühl, als würde sie die Konsequenz ihrer Beziehung mit Ninive noch spüren. Doreen ist der Magnet, der ihre Gedanken zieht. Und dabei fällt sie in die Ferne hinein, und Tränen britzeln ihr die Wangen hinunter.

Paula über Doreen
„Im Abstand spüre ich ihre Blicke. Im Abstand finde ich mich zurecht

mit ihr. Wenn sie zu nah ist, kann ich sie nicht sehen – oder verzerrt wie durch eine Lupe. Wenn sie nah ist, graben sich meine Gedanken in ihr fest. Wenn sie fort ist, pflüge ich die Hinterhöfe um in der Suche nach ihr. Meine stille Suche ist am besten ohne sie."

Sabine ist eine Frau, die sieht. Deswegen ist sie Fotografin geworden. Sie ist klein und wirkt noch sehr jung. Sie wirft ihren Blick auf die Straßen, mit Kaugummipapier, Staub, der Hochbahn, mit dem Flair von Alt-Berlin. Sie bannt gestochen alle Eindrücke auf ihre Festplatte, sie ist ganz Auge, Entfernungsmesser, perfekte Stimmung, perfektes Bild. Sie fühlt den richtigen Abstand, den richtigen Moment. Vor allem entdecken ihre Augen ihre Freundinnen, die Frauen, ihre Blicke, die sich bis in die Herzen hinein tragen. Sie sieht die Frauen lebendig, doch auch wie auf Bilder, Fotos gebannt. Sie holt sich die dazugehörige Kameralinse und besorgt das passende Objektiv. Bedächtig arrangiert sie. Berufsgruppen. Bahngeleise. Lesbische Frauen in Patina und in Schwarz-Weiß, alt, modern, Schönheit und unnachgiebiges Leben. Sie bestimmt und kalkuliert die Sonne, externe Quellen, den Einfall des Lichts. Sie ist die Königin des Lichts, lässt erhellen, lässt Schatten wachsen, so dass die Frauen mit ihren Wohnungen verschmelzen. Sie werden Schwarz-weiß, und bunt, in ihrer Schlichtheit. Ganz sie selbst. Es schneit, sie blicken in die Welt, mit blitzenden Augen, Dokumente, Lebendigkeit dieser Königinnen einer besonderen Zeit. Sie hält sie fest. Sie konserviert den Wechsel und den flüchtigen Augenblick. Die zarte Beziehung von Doreen und ihrer Freundin hält sie fest, durch den auf sie gewendeten Blick. Lebendigkeit und überbordendes Leben. Die Seelen fängt sie ein vom Prenzlauer Berg bis Friedrichshain. Damit sie alle sehen können, sie, die diesen Ort beleben, sie, die ihn ausmachen.

Da ist sie, Doreen in ihrer ganzen Schlichtheit, mit ihrem dunklen, exotischen Flair, das doch so hiesig berlinerisch ist. Den aberwitzigen Blick eines schmächtigen, bockigen Fohlens. Doreen, die trotzdem etwas von einer Filmdiva hat, mit proletarischem Charme. Mit weißer Haut, mit Haaren von der Schwärze einer anderen Zeit. Sie gibt die Geschichte dieser Stadt, die sich in ihren Augen spiegelt, löffelweise wieder ab.

Sabine kreist mit ihrer Clique durch die Straßen. Ihr sehendes Auge ist Vernunft, und ist auch Liebe zu dem, was sie sieht. Sie hält die Beziehungen fest. Durch dieses Sehen-Können des Bestehenden macht sie ein Geschenk.

Doreen. Franzi. Martha. Anna. Antje. Sabine. Paula. Dodo und Janin. Frühling. Das Leben. Mit abgeschmackten Liedern im Ohr, die sie brüllen, lachen, sie tanzen sich selber, graben sich tief in den Boden ein.
Sie stürmen die Neuköllner Kneipe. Als erstes traktieren sie die Musikbox – „Roxanne" schnarrt eine Stimme von Anno Dazumal durch den Raum. „You don't have to put on the red light". Nicht ganz so abgeschmackt ist dieses.
Doreen beim Billardspielen. Während des Spiels kippen sie schnell ein paar Kurze hinunter, dazu Bier, bis der Raum ganz wild wird und ausschlägt, immer zu ihr zurück. Paula wammert vor Doreens Gesicht, doch saust sie blitzartig wieder weg aus dem Bewusstsein der Freundin. Heute ist sie einmal mit dabei. Zum ersten Mal seit der Trennung. Und während sie ihr Gelächter herüberschicken, ihr rauschhaftes, dröhnendes Gejauchze und Gekicher – währenddessen ist alles noch so neu, und bei allen Spielen ist noch so ein riesiger Spaß dabei.

Doreens Augen sind jetzt schon wieder von Paula entfernt, und dieser Abend wird die Ausnahme bleiben.

Doreen ist weg. Das Leben geht weiter.
Und Paulas Kopf in einem Sog. Immer noch denkt sie daran, wie es Doreen wohl geht.

Paulas heimlicher Wunsch, seit sie sich trennten
„Und wenn wir schweigen, dann schreiben sich die Farben ein, anstatt zu verblassen – kein Abbruch des Schwingens von deinem Auge zu meinem, kein Kugelfisch bläst seine Stacheln auf & der Versuch, Vertrauen aufzufangen, gelingt."

Sabine hat gestern eine Frau gesehen, die ihr durch die Augen geht, und durch Mark und Bein. Hinter dem grauen Moabiter Hafen mit dem vielen Papier am Boden hat sie sie unbemerkt mit der Kamera beobachtet. Als sie sich kämmte wie eine Nixe. Nixen zu sehen ist gefährlich. Jetzt reiht Sabine Fotos von ihr auf. Sie trinkt ihre Gegenwart – wenn auch nur auf Bildern. Sie traut sich nicht, noch einmal an die Stelle zu gehen, an der sie sie traf. Viel lieber sieht sie sich die Fotos an. Jeden Tag.

Paula über Paula und Doreen
„Ich weiß bis heute nicht, wie sie aussahen, unsere Wirklichkeiten – denn sicher gab es davon jede Menge. Die Dinge sprechen eben einmal die eine Sprache, ein andermal eine andere – und das verwirrt mich manchmal sehr. Sicher ist nur, dass seitdem viel Wasser die Spree hinuntergeflossen ist."

Und wie viele Fragen
wirst du finden
wenn du die Straßen
danach abklaubst?

Allein. Die große Leere. Keine Begegnung.

Einen stummen Bogen
zieht Doreen
über die Stadt
als sie sie überfliegt
Pegasus
heißt ihr lila Rad
und unter ihr
die Stadt
strahlt so Schwarz-Weiß
wie ihr Gesicht.

Paula. In einer Nacht, in der sie sich hin- und herwälzt, ganz allein.
Da hockt die Katze. Blaugraue Augenkatze. Läuft davon. Hundert
Katzen in einen Lastwagen gepfercht, werden vorbeigefahren.
(Einmal einen Morgen spüren, der sich dunstig den Schlaf aus den
Augen wischt. Bewusstseins- befangenes Morgen.)

Paula zu Doreen
Ersatz, wenn keine Nähe um die Ecke schaut, zu dir herüber.

Paula
Im Berlin-Neuköllner Café Eckbert sitzt sie vor dem Aquarium – auf

Tuchfühlung mit den Fischen, ein Buch über Erika Mann auf den Knien. Paula geht tief in diese Erikawelt hinein. Ja, durchlässig sind die Zeiten, in solchen Welten, die wenig festgelegt sind. Erika mag ihn gesehen haben, den Brand der Bücher, den Brand inszenierter Grausamkeiten, der von Berlin aus auch in den Rest der Republik schwappte. Gegen solche Dinge setzte sie den Angriff der Ironie, doch die Tournee der Pfeffermühle schien nun nicht mehr möglich. Flucht jetzt die einzige Chance, um nicht verloren zu gehen. Denn wer nicht flieht, der wird getötet.

Berlin nach dem Fall der Mauer. Bunte Haarfarben durcheinandergewirbelt, und überhaupt klebt Farbenpracht an jeder Ecke – wie herrlich, so bequem und unbehelligt zu sitzen, behaglich vor sich hinzulümmeln. Und auf der anderen Seite die Umwälzungen nach der Wende. Paulas Umwälzung war die Entdeckung ihrer Liebe zu Frauen.

Fluchten
Miro
Miro liebt Erika so, wie sie die Landschaften geliebt hat – und immer die Gefahr, sich zu verlieren – zu groß, zu weit, zu fremd – wie alles, wie das Leben. Wie diese seltsame Zeit. Miro flieht vor dem Gefühl – wie sie vor den Nazis flieht – in sich selber hinein. Sie wird sich am Ende doch nicht mehr zusammenklauben können.
Erika zuliebe tut sie oft wunderbare Dinge. Verjagten Juden in Österreich zum Beispiel verhilft sie zur Flucht. Die Flucht aus dem von Nazis infizierten Deutschland ins Schweizerland, mittels Miros Diplomatenpasses. Eri steckt mit dahinter. Angst, ein Zittern um Miros Körperlücke, Angst um die widerständlerischen Freunde, in

Österreich, das bereits „angeschlossen" – besetzt ist, Angst, Erika bei ihren Begegnungen nicht zu genügen – Begegnungen, die allzu selten sind.

Die Rettung anderer. Und eigene Fluchten. Miro, Erika, Paula, und Doreen.

Ganz neue, ganz andere Fluchten von Erika: So auffällig sichtbar, dass niemand sie erkennt, selbst nicht aus allergrößter Nähe. Vorbei am Auge des Feindes im eigenen Land, mit übergroßer Sonnenbrille auf der Nase, neben unverschämt verschmiertem Werkzeug ruht das Manuskript des Josephromans ihres Vaters im Kofferraum. Eris Flucht ist bedeutsam, furchtlos, sogar unterhaltsam. Kein Krimi wiegt das auf, was ihr jetzt manchmal in der Wirklichkeit passiert. Die Pfeffermühle. Furchtloses Politkabarett. Zumindest ist die Pfeffermühle den Nazis ein Stachel im Fleisch. Eri denkt weiter. Sie denkt, was sie will. Sie will, was sie denkt. Innerlich bleibt sie frei.

Erika vor der Flucht. Telefonieren, reisen wollen, noch nicht genau wissen, wohin. 29. Februar 1933, Klaus und Erika brechen auf in die Schweiz. Morddrohung: Briefe und Patronen, verschickt von den Nazis. Wie fühlt man sich, wenn einem so etwas ins Haus geflattert kommt? Pulverschlieren dort, wo der Brief sie erreichte, wo Erika ihn las; geballte Aggression. Lex Pfeffermühle: Miros Mutter hat durch ihre eifersüchtige Intrige gegen Erika ein Schweizer Gesetz initiiert, das bewirkt, dass der organisierte Mob bei einem Auftritt in der Schweiz über die Mitglieder der Pfeffermühle herfallen kann.
Prügelstrafe für Schweizer Damen. Renée Schwarzenbach, Miros

Mutter. Sie ist Kopf und Herz des Mobs. Der Mob, die Verlängerung, die randalierende Hand ihres Hasses. Frau gegen Frau. Renée gegen Eri. Die leichtfüßige Überlegenheit derer, die sich nicht solchen Hass auf die Fahnen schreiben wollen. Es scheiden sich die Geister. Der Kampf um den „Besitz" der Tochter. Realität wird zerschlagen, bis sie verschwindet.

Renée lässt ihrer Tochter keinen Raum.

Zeiten der Wende. Die Mütter beunruhigt. Ein Vakuum erreicht die Menschen. Dazwischen Aufbruch. Vorurteile. Erkennen. Fluchten, und Bewegung.

Frauen, die Frauen liebten, häufig mussten sie fliehen. Sie mussten sich besonders oft verstecken. Und nun verstecken sie sich freiwillig voreinander.

Nachrichten von Miro und Erika, auf Getränkeuntersetzer gekritzelt. Die Spur, das Zeugnis ihrer Existenz. Die Kommissarin ist beauftragt, die Vergangenheit der frauenliebenden Frauen zu erforschen. Paula, die Spurensucherin, hebt einen Untersetzer auf. Sie findet dort Spuren der Liebe von Erika und Miro, Doreen und Paula. Verwischt ihr Eindruck. Als wenn es sie nicht gäbe. Realitäten nur in Miros Kopf – und in Paulas, in einer anderen Zeit. Die Liebe muss erst ausgegraben werden, und meistens bildet sie dann gleich den Gegenstand von Fluchten. Die Kommissarin sucht nach Garbo und nach Mercedes de Acosta. Findet sie sie am richtigen Ort? Paula liest über die Hollywood-Diven.

Da haben sie die Graue um die Ecke biegen sehen, die, die den Paaren die Liebe davonstiehlt. Die Graue gibt den Frauen den kriminalistischen Ort ihrer Existenz.

Hollywood als Flucht – und die Flucht vor Hollywood in die Unterwelt.

In der Mulackritze herrscht reger Betrieb. Hier hängen die Paare aneinander, übereinander, als würden sie ertrinken. Es ist Dienstag. Frauen in Männerkleidung geben sich ein Stelldichein. Man zecht, man flirtet, man raucht die Vielfalt aus Zigarettenspitzen. Marlene und Claire Waldoff reichen sich zum ersten Mal die Hand, wobei sie sich tief in die Augen sehen. Doreen, die Zeitspringerin, ist unter ihnen. Sie hat sich ein anderes Buch besorgt, mit dem sie den Zeitsprung jetzt vollzieht.

Die Garbo kommt in Männerkleidern herein, und alle Blicke richten sich auf sie. Oft fliehen die Stars an Orte wie diesen. Wo sich die Oberwelt unter verkehrten Vorzeichen spiegelt. Hier kann sie sein wie sie ist, und hier genießt sie ihre Show.

Zusammen mit der Geliebten verbringt die Garbo hier göttliche Nächte, deren Spuren sie vor der Öffentlichkeit verwischt.

Zwischen Mercedes de Acosta, Hollywoods Drehbuchautorin und Frauenheldin im Untergrund und Greta, der Göttin, fing alles an mit einem frischen Mix aus Orangen- und Zitronensaft, mit dem Mercedes Gretas Erkältung kurierte. Mit jedem der zehn Gläser wird es für Greta zitroniger, immer mehr verschwindet die Orange. Greta kommt bis zum fünften Glas, dann ist sie längst in Mercedes verliebt.

Die Frische der Getränke spiegelt sich in Mercedes' Gesicht, Greta taucht erleichtert in sie ein. Der Charme versteckter Eroberungen. Das Rampenlicht und seine Illusionen reizt die Jägerin zur Jagd. Die Liebe und ihre Siegel heftet sie ihr an, und sie versucht, den scheinhaften Dingen wieder einen Hauch von Wirklichkeit zu geben.

Gleich bricht sie an, die schlimme Zeit. Die Realitäten werden bald nicht mehr durch Filme wegzuleugnen sein. Hollywood ist nicht Berlin. Die Industrie der Illusion läuft weiter zum Eskapismus. Ein gleißendes, ein inszeniertes Licht, in dem nur sein darf, was jenen allzu glatten Gedanken entspringt.

Paula und Doreen sehen sich zusammen mit Martha und Franzi alte Hollywoodfilme an. Sie lieben die Musik dieser Zeit. Sie decken die Verhüllung auf, indem sie sie in diesen Garten pflanzen.
Die Wahrheit steht auf einem anderen Blatt. Die Wahrheit flattert als angenehmes Geschwätz und Geplauder durch den Raum. Paula und Doreen springen in den Zeiten.

Die Garbo in der Mulackritze. Süßigkeit in ihrem Blick. Der Zucker löst sich auf. Greta und Mercedes tanzen selbstvergessen. Das Bild, die hochgezogene Braue, der Text, die Feder, ein nachdenkliches Auge, das sich die Geliebte vorstellt. „Quand je pense de vous, je cante." Mercedes, die Kubanerin, hat einen entschlossenen Blick, und Greta wird es angenehm warm. Mercedes nimmt sich die Geliebte. Sie erkennt ihre Wunden und ihre offen gebliebenen Wünsche, in die nur eine Frau sich noch einpassen kann.
Es ist der Körper, der Körper der Stars, der Körper, für viele unerreichbar, den sie umso mehr begehrt. Als wenn er bloß bekannt geworden wäre, weil er göttlich ist. Der Ort, an dem sie sich den göttlichen Körper holt, ist hier. L.A. legt sich wie eine Folie über Berlin. Die Welt der lesbischen Liebe ist dorf-klein.
Garbo holt sich, was sie braucht. Ihr Körper glitzert, wenn ihre Geliebte sie berührt. Das Gleißen öffnet der Gangster- und Halbwelt Tür und Tor. Und schließlich weichen die Ganoven zurück. An diesem seichten Ort dort mögen Wirklichkeiten über das Liebesleben

der Stars am ehesten noch an die Öffentlichkeit gelangen. Das Fliehen in den Glanz und Glamour und die Eskapaden.

Als ihre Vergangenheit die Garbo einzuholen droht, baut ihr Mercedes einen Ring des gleißenden weißmagischen Schutzes auf.

Paula baut für Doreen genauso eine Schutzwelt. Doreen aber tötet sie mit ihrem Blick.

Briefe. Stumme Zeugen.

Der Tanz ist eröffnet. Doreen greift sich Paula. Direkt neben ihnen winden sich Greta und Mercedes umeinander. Die Durchlässigkeit der Zeit erlaubt es ihnen ganz, in diese Bücher und Filme hineinzugehen.

Sie verlieben sich auf einem Schiff, die zerlumpte, geschminkte Piratin mit dem künstlichen Goldzahn und die entführte Diva. Muskete schwingend, Rum trinkend, immer einen Witz auf der Zunge. Die Diva kapert. Der Goldschatz hinterlässt seine Spur in den Herzen der Menschen. Aztekenschatz, leider fehlt ein Stück. Die Diva wird gekapert.

Die Garbo hat Juwelen in ihrem Blick. Ein Blick auf den Schatz zu werfen heißt, ein ganzes Schiff gekaperter Seelen befreien. Die Welt erschafft sich ihre Stars immer selbst. Der Glamour, und die Glamour Girls. Erlöste Piratinnen tanzen zu Nancy Sinatra auf ihrem Schiff einen Stepp. Die Spur des Schatzes bleibt in die Herzen geritzt.

Flucht, weg von sich selbst, Flucht, weg von der Liebsten. Doreen ist jetzt Piratin. Sie kapert die Leben derer, über die sie liest. In denen sie sich spiegelt. Ihr Piratenschatz ist dieses Buch. Auf Pegasus, dem blauen Rad, fliegt sie vorbei.

Paula ist auch Piratin geworden, und was sie kapert, das ist Doreens Herz.

Mulackritze. Heute sind auch Freibeuterinnen aus Hamburg hier. Die schräge Blaskapelle kitzelt mit ihren Tönen die Gesichter. Blech schreibt Farben in die verrauchten Gedanken.

Wieder sitzt Doreen einer Alten auf dem Schoß. Tod in Venedig. Tod in Berlin. Das Spiegelspiel, die Jungen sind die, die jederzeit gehen, die Alten kleben in den Ritzen ihrer Falten.

Der Abend wird lauter, die Trunkenheit nimmt zu und tausend Stimmen lallen Echos.

Ganoven-Paule bekommt es heute ab; mühsam schiebt er sich zwischen den Seeräuberinnen durch, um abzuhauen, so schnell seine torkeligen Beine es erlauben. Er, der sonst alle anderen verdrischt. Doch heute ist er ein Loser. Eine Hure lässt ihn nicht vorbei. Sie packt ihn am Gewand, sie schüttelt ihn, sein Herzschrittmacher steht still. Er sinkt zu Boden, atmet schwer, und schließlich gar nicht mehr.

Doreen sitzt immer noch der Alten auf dem Schoß. Die Garbo und Mercedes sind genauso wie sie selber starr vor Schreck. Der Abend nimmt ein jähes Ende.

Trotz Ninive sind Paulas Gedanken schon wieder bei Doreen.

Es war erst vor Tagen, dass Doreen und Paula die Felder Marzahns durchstreiften. Dass sie sich da so nahe waren. Jetzt hat Doreen ihr Herz mit einem Vorhängeschloss versehen.

Paula, die Seeräuberin, aber kapert sie schon wieder. Sie trägt den Falken auf dem Arm. Sie überrumpelt Doreen, wirft sie aufs Bett. Die Spitze ihrer Muskete kreist ihr über der Brust. Sie trägt eine Maske, unter der man ihr milchig-porzellanweißes Gesicht erkennt. Sie schleppt Doreen mit auf ihr Schiff. Dort hat sie Gardinen an den Fenstern, und Blumenkästen mit lachsroten Geranien. „Küss mich".

Da liegt die Mulackritze nachts im Nebel. Polizisten erscheinen, mit grauen und matten Gesichtern. Sie suchen nach Paula, der Piratin. Die hat sich als naives Kindchen reicher Eltern getarnt. Ein falscher Gesang, ein falscher Sparstrumpf; aus allen Kehlen dröhnt es höhnisch und laut. Die Spreepiratin Paula suchen sie vergeblich.

Und wieder zeigen sich verborgene Welten. Das Patchwork eines Dramas. Die Garbo weist den Polizisten die Richtung. Sie werden Paula dort nicht finden.

Martha und Franzi

Martha und Franzi sind kein Traumpaar aus Hollywood. Zu real ihre gelebte und phantasierte Beziehung – die so abrupt endete. Ein U-Bahn-Treffen. Nach Jahren. Seltsam. Ein schneller Kaffee zusammen doch. Obwohl sie beide nicht wirklich wollen. Schweigsames Rühren in den Tassen. Die Frage „Was soll das bedeuten?" schwebt über den eingezogenen Köpfen.

Da ist wieder Ruhe, und Blicke, die ineinander fallen. Ein Summen des Wohlgefühls auf Franzis Lippen. Franzis Saxophonklänge umhüllen Martha, als sie die Freundin nach Tagen besucht. Franzi legt das Instrument zur Seite, streicht Martha über den Arm. Da ist wieder ganz unerwartet viel Nähe. Fort ist Franzis Angst, und Unbehagen und Erschrecken. Sie fassen sich an, und etwas ganz Neues zwischen ihnen beginnt.

Franzi und Martha ziehen gemeinsam ihre Spuren hinter sich her. Gründen ihr Kabarett. Martha satirisch, Franzi schickt die Musik dazu in den Äther. Franzi und Martha bewegen sich gemeinsam durch die Straßen, geblendet sind sie vom alltäglichen Licht – und voneinander. Das Leben ist kein Hollywood. In ihren Köpfen wohnt eine Kunst, die sich über die Hinterhöfe zieht, die ihr lebendiges Gefühl direkt entfaltet.

Franzi und Martha begegnen Mercedes und Greta in einem Buch.

Doreen und Paula. Der Zauber.
Doreen Ninive ist weg. Zwischen Doreen und Paula wächst jetzt eine neue Art der Freundschaft. Die innerlich noch ganz viel Liebe hinter sich herzerrt. Bei einem Spaziergang, es ist der erste seit ihrer Trennung, da wiegen sie sich zärtlich in ihren Gedanken. Paula weiß, sie will mehr von Doreen. Sie vermutet von der Freundin dasselbe, und das Prickeln, das dieses Gefühl bei ihr bewirkt, ist wie Brausepulver.
Hinter Marzahn sieht man schon fast das leere Feld. Sie streifen zusammen darüber; es wachsen hier Rüben auf dem Acker. Die Luft ist klar und schreit. Wie viele Tage verschenkt – wie viele gewonnen? Bald werden sie hier in die Erde wachsen, Traumerde, die sie mit ihren Körpern düngen. Doreen beackert dort am liebsten den Boden.
Das Feld tut so, als würde es ihnen seine Früchte nicht schenken, als läge es brach. Sie sehen sich nun mit neuen Augen an. Zutage tritt hier ein Geheimnis, die Orangenfrucht, städtische, wilde Flora, die nur an wenigen Leerstellen gedeiht. Zitronenbäume voller Früchte sprießen am Rand des Feldes. Nicht in Italien, nicht in Hollywood. In der Ex-DDR. Dieses Feld graben sie um, und eine Handvoll Erde tragen sie mit sich fort. Denn sie sind das Salz der Welt.
Ein biegsamer Stab und ein alter Haselnussstock, sie machen daraus spitze Pfeile und Bögen. Als Göttinnen verkleidet ziehen sie über das Land.

Die Orte sind voll von Frauen wie Doreen. Sie essen Zitronen- und Orangenschnitze. Frische der Gesichter. Der deutsche Oststaat direkt nach der Wende, das Umbruchsland – das Land, wo die Zitronen blühen? Imaginierte Zitronen und Orangen lassen sich nicht gut verspeisen.

Doreen und Paula heben ihre Freundschaft aus der Erde, mit behutsamen Händen häufeln sie sie auf.

Doreen lacht, und sie schreit, als Paula ihr schwarze Erde in ihr Gesicht reibt. Und dann mit Schnee wäscht. Paula malt Doreen mit schwarzen Kohlenstückchen ein Muster auf die Wange, beide lassen ein Indianergeheul los, sie wälzen sich in der Erde; sie hauchen sich Atemränder ein, Kondenswasser, wie Milch, in der Luft. Doreens blaue Levis-Jeans ist schwarz geworden, weil sie sich eingegraben hat. Im Schlosspark gehen sie jetzt Wildschweinstatuen schießen.

Da tanzen zwei über Rübenstoppeln, unter denen die Toten begraben liegen, und langsam schlenkern sie sich ihre Körper um die Gesichter. Eins, zwei, drei, Vorüberblicke- und innerlich lassen wir's dann brodeln. Da tanzen zwei, die eine schießt mit den Augen an der anderen vorbei. Da tanzen zwei, die Freundinnen sind, oder weniger noch, oder mehr?

Und wieder sitzen sie herum und spinnen sich zusammen in Geschichten ein.

Es ist still. Vor ihnen ein klarer See, Landschaft mit Ölkreide gezeichnet, und das ruhige Wasser schillert und vibriert, wirft Wellen.

Sie springen hinein und es ist kalt, und Paula taucht, weil sie es blitzen sieht, ein Fischbauch blinkt, sie stippt die Füße ins Wasser, ihr Haar fliegt durch die Luft, und ihre Augen schicken durchsichtige Pfeile zu Doreen herüber. Ein freundlicher Gnom mit rotem Gesicht lacht ihnen zu und stromert über das Land davon. Sie träumen sich zusammen auf den Grund.

Mit dem nackten Zeh fährt Doreen durch ein Grasbüschel, und sie streicht mit beiden Händen durch Paulas Haare, mit einem Zeppelin schweben sie davon durch eine traurig aufgetürmte, schwarz-weiße Wolkensuppe. Und schließlich kichern sie, und glucksen, und eine dicke rote Kirsche schwebt hoch über ihnen. Sie essen sich lieber durch das grüne Gras.

Der Alltag kehrt heim auf ihrem Rückflug von dem Marzahner Feld.
Am anderen Morgen.
Da sitzen sie sich gegenüber, sie reiben sich aneinander, und ihre versteckte Freundschaft bildet eine Wolke. Freundschaft, keine Liebschaft ist es mehr. Aber noch so von Liebe durchdrungen. Sie können sich im Nebel dieser Freundschaft nicht sehen. Paula will, dass Doreen sie jetzt umarmt, und auch, dass diese Freundschaft sie weiter umfliegen soll.

Lächelnd wie Doreen, wenn sie laut singend freihändig auf ihrem Fahrrad durch die Straßen braust, indem sie sie beackert, umpflügt. Wenn Paula die verschwiegenen Plätze im Prenzlauer Berg durchquert, verliert sie sich in den Geschichten, die diese Straßen erzählen. Schweigsame Plätze, sprechende Ecken, die voll sind von fremden und auch von nahen Gedanken.
Da ist die alte Prenzlauer Bergerin. Ein wenig gebückt geht sie in ihren gewohnten Bahnen, seit über siebzig Jahren wohnt sie schon an diesem Ort. Frau Schmidke, Paulas Nachbarin, mit der sie eine

Freundschaft verbindet. Heute bittet sie sie herein, Spitzendeckchen, sie setzen sich an den Eichentisch und plaudern bei Baumkuchen auf chinesischen Tellern.

Paula erzählt Frau Schmidke von Doreen. Frau Schmidke erzählt ihr von ihrer Freundin, die sie liebte. Ein Zeitsprung für Paula in diesem Gespräch. Leider war auch Hitler in der Nähe; er schaute ihnen beim Lieben über die Schulter...

Einfach war es nicht. Natürlich mussten sie sich verstecken. Frau Schmidke erzählt, von der gelockten Gerdi, schön war sie, mit ihrem Faltenröckchen, den dunkelblonden Locken und dem verschmitzen Lachen. Eine Studienkollegin ihres Bruders; eine der handvoll Frauen, die damals studierten.

Bei ihrem Bruder hatten sie sich kennen gelernt, bei Kerzenschein. Am selben Abend gingen sie noch in den Keller und liebten sich heimlich. Denn stark war die Anziehung zwischen ihnen von Anfang an. Und von da an häufig wieder, unzählige Male noch. Erzählt hatten sie das keinem, außer Gerdis Bruder, der sie deckte. Dann aber, von einem Tag auf den anderen, blieb Gerdi verschwunden – vielleicht hatte jemand sie „abgeholt" – man konnte das in diesen Zeiten kaum sagen. Sie erinnert sich an das Wort: „abgeholt".

Verständnisvoll schaut Frau Schmidke Paula an, als die ihr von Doreen erzählt. Teilung. Trennung. Ost und West. So schwer bleiben wir allein.

Später am Tag.

Doreen denkt lautstark nach. Sie liest und findet dabei nur schreibende, in die Landschaft eingeschriebene Blicke.

Paula

Dann fing es an. Die Naziflut. Seltsame Veränderungen in den Köpfen. Alles wird leer, die Menschen, die umgeschwenkt sind, sie tragen stupide Fahnen vor sich her, sie bleiben nicht in ihren Körpern, sie treten nach vorne und ziehen sich zurück, die Fahnen wehen, und ihr Geist verflüchtigt sich. Gleichschaltung der Ideale. Schleichend ist sie gekommen, die Leere, die alle Köpfe durchweht; sie lädt zum Uniformieren ein. Braune Bäche, die zusammenfließen. Wut, die die, die sie fühlen, fast umbringt. Ihnen allen fehlt ja nur so viel zum Glück.

Heimlich schleicht sich Doreen nachts fort. Mit hochgekrempelten Hosen watet sie quer durch den Arno. Im Spiegel des Wassers erkennt sie Pinocchios nusshölzernes Gesicht. Die lange Karottennase, lustig, groß und hart. Und Kieselsteine, die rollen unter ihren Füßen davon. Etwas tun, dann bleibst du auf der richtigen Seite. Du bleibst am Leben, wenn du etwas tust…und dich dafür entscheidest.

Die Schatten werden länger, die Blut-Schatten derer, die am Morden sind…

Geteilt ist Berlin. In den Köpfen. Naziberlin, und die freie Stadt. Das eine lässt das andere nicht sein. Doreen ist beim Lesen zur Widerstandskämpferin geworden. Zusammen mit Franzi schmuggelt sie Verfolgte des Naziregimes über die Grenzen Marzahns und Südneuköllns – über die Grenze der Bezirke, in denen die Neonazis ihre Köpfe in den trüben Himmel strecken.

In diesem wirklichen Leben sucht Doreen nach Arbeit. Ohne fündig zu werden. Sie liest weiter. Über die Nazizeit. Die Mulackritze. Über

Erika und Miro. Über die Diven...

Erika wieder, und Miro. Kleine oder große Fluchten?
Miro hat sich verliebt, und sie reist Erika hinterher. Die aber scheint vor ihr zu fliehen.
1932, München, Pfeffermühle neben dem Bürgerbräukeller. Die Kabarettisten Tür an Tür mit den Faschisten.
Erika betritt die Bühne, mit strahlendem Gesicht, ist einmal Nonne, einmal Pierrot, dann junges Weibsbild im langen Gewand. Ihre Ideen legen sich wie Schaum auf die abgenutzten Bretter. Spottend schreit sie Gewissheiten heraus, überflutet damit den Saal. Augenzwinkernd wechselt sie die Geschlechter. Verhöhnt, was beißender Spott nicht mehr vom Erdboden vertilgt. Im Anfang war der Gedanke, dann folgt die Performance.
Und später wird Erika Essays entwerfen, in denen sie gleichfalls den blanken, kalten Hass der Nazis verlacht. Lachen wird sie über den echten Mord, während sie augenzwinkernd durch ihren Spott den symbolischen begeht.
Die Inkarnation des echten Mordens nimmt wieder im Nebengebäude Platz. Beißend dringt der Qualm und Dunst vom Bürgerbräukeller zur Pfeffermühle herüber. Brennöfen-gleich. Die echten und die kabarettistischen Mörder – wobei letztere nur Jagd machen auf abstruse Ideen – feiern lauthals nebeneinander. Für die einen wird es schon bald nichts mehr zu feiern geben in Deutschland.

Miro, Erikas Liebste (?), kommt zögernd zur Bühne geschlichen.
Erika blickt auf, erwacht aus ihrer Bühnenverzauberung, blickt auf Miro, die im Dunst von Zigaretten- und Pfeifenrauch ganz nah an sie herantritt.

Erika lächelt mit feuchten Lippen, hebt Miro, die Schlanke, auf die Bühne, indem sie sie um die Hüften fasst. Miro ist eingeklemmt zwischen der kleinen Therese, Erikas eigentlicher langjähriger Freundin, und ihrem Schatz, der Göttin Erika. Es gibt ihr einen Stich. Die anderen Kabarettisten tanzen einen wilden mokierenden Schäfflertanz.

Erika nimmt ein blaues Seil. Für diese Einlage unterbricht sie kaum das Programm. Zwischendurch tönen schräge Schalmeien. Das Seil berührt jetzt Miros nackte Haut. Marlene Dietrich schaut nicht zu. Das eine Ende des Seils umschlingt Miros Arm, ihre Brüste. Sie zieht fester zu. Und fester. Erika dreht sie einmal, zweimal, mehrmals im Kreis, bis ihrer Freundin ganz schwindelig wird, bis sie am Boden liegt. Sie sehen sich an. Das Blitzen in Erikas Auge ist genial, und Miro bleibt, gefesselt, an diesem Augenblitzen kleben.

Und spät danach die Erkenntnis.

Das sind gewagte Schritte. Zu früh oder zu spät. Tobsuchtsanfälle. Mit farbigem Innenleben. Jahre dazwischen, betonfarben und leer. Blockjahre, die sich zusammendrücken, die Knoten zum Zusammenwachsen bringen. Doreen geht weg, und Erika, in Welten, in denen sie verborgen bleibt.

Wo ist sie denn jetzt hingekommen – wo sie doch Zucker in ihren Haaren hat – und du – woher kam die Angst, daran festzukleben? Erika ist nach der Aufführung ungewöhnlich still. Die Giehse, die sie liebt, nimmt aufmunternd ihre Hand. Die beiden haben ein gemeinsames Ziel. Sie leben mit kurzem Atem am Nerv der Zeit, sie beide haben ihren Platz, als Ruferinnen, an einem namenlosen Ort, in einem ortlosen Moment. Erika schaut ihrem halb herabgesunkenen Gegenüber in die Augen. Fängt Tiefe. Miro, die Schöne, Miro, die jetzt am Boden liegt. Die Verwöhnte, die Schwierige, sie dient nur als Affäre, als Abwechslung, und ihre Augen versprechen doch so viel.

Franzi studiert jetzt Psychologie, und manchmal, da gibt sie mit ihrem Saxophon in der Frauenszene Konzerte.

Martha kauft im Biosupermarkt ein und wirbelt wilde Theaterstücke über Off-Bühnen.

Anna hat eine Papageienshow eröffnet.

Sabine hat eine ganze Menge an Fotobänden herausgebracht. In stillen Momenten betrachtet sie noch immer die schönen Fotos jener Frau am Moabiter Hafen.

Traum-Blicke ohne Wirklichkeit bestimmen unsere Welt.
Doreen und Paula treffen sich wieder. Vor der Brücke mit den neu gebauten, altmodischen Türmen. Paula wirft ihr Parfum auf Doreen, und ihre Hände strecken sich nach ihr aus.
Paula erkennt Doreen als eine Frau, in deren Welt sie sich tief hineindenken kann. Die durch ihr Dasein Blicke auf sich zieht. Eine Frau, die die Menschen unter den Bug ihres Schiffes lockt. „Was tun?", denkt Paula. Draußen setzt sie sich in eine dunkle Ecke des Parks. Es geht ein leichter Wind, die Blätter fallen. Ein rotes Eichkätzchen schaut vorbei. Ein paar Spatzen machen ein lärmendes Geräusch, als sie sich streiten, um ein Stück Brot. Paula geht heute nicht nach Hause; sie übernachtet im Park, eingehüllt und eingewickelt in ihre Gedanken. Mit ihnen und mit Doreen ist sie allein.

Paula

„Unerwartete Fülle strömt an mir vorbei, und wieder tanzt jemand Ballett auf den Sprungfedern meiner Nerven. Ich finde Gedanken an dich in Winkeln meines Kopfes, und manchmal entdecke ich ihre Spuren hier im märkischen Sand. Ich warte auf einen deiner Einfälle, der sich jetzt gleich zu mir herüberzieht. Auf deinen Mund, der sich herüberbeugt, damit du mich endlich küsst.

Die Venus lugt durch ein Fenster zu uns herein. Ob sie jetzt aus dem Wasser zu uns kommt, oder von ihrem Planeten, wird schwierig zu sagen sein. Obwohl sie Schwimmhäute unter den Zehen hat, und obwohl sie Schaum hinter sich herzieht, wenn sie lacht. Ich schaue unwillkürlich neben mich, ob du noch da bist....."

Paula etwas später.

„Einmal war ich noch bei ihr – mit ihr allein. Ein Ton der Trennung schiebt sich zwischen uns, und fremde Blicke. Es gibt so vieles, was wir aneinander nicht verstehen."

Aus Langeweile und Verlegenheit macht Paula jetzt den Fernseher an. Im Dritten läuft ein Bergkrimi in Schwarz-weiß. Paula nimmt Doreen gedanklich mit, taucht in ihn ein. Miro, die Jägerin, ist wieder auf der Pirsch. Sie schießt auf wilde Gemsen, ohnmächtig, unerwartet kommt eine Kugel zu ihr zurück. Von einer Jägerin von Nebenan. Ein Streifschuss. Miro flieht. Musik heult auf, zwei Augen, die sie fixieren. Miro zündet sich eine Zigarette an. Rauch steigt hoch, verdichtet sich, Rauchzeichen dringen ungewollt zu den verfeindeten Stämmen. Angeschossen flieht Miro auf ihrem Klapprad über die Weiden. Wenn bloß die steilen Berge nicht wären.... Sie kommt in einen entlegenen Teil des Dorfes. Auf dem Dorfplatz sind alle versammelt. Die Dorfälteste, die stark an Frau Schmidke erinnert, raucht Pfeife. Die Frauen halten Rat, sie diskutieren, über das Wahlrecht der Männer. Die Älteste hält Miro, dem Neuankömmling, die Friedenspfeife hin. Das beruhigt die Nerven. Da aber naht in Form der verfeindeten Stämme die Gefahr – eine alte feiste Frau, Überläuferin, die Anstifterin scheinbar: Mareike….

Paula schaltet den Fernseher aus. Mit einem Blick verabschiedet sie sich von Doreen, die eine Fremde geworden ist. Sie sieht auf ihren Schreibtisch, räumt ihn einmal wieder auf, reißt sich aus ihren Gedanken um Miro, Doreen, Mareike, um ihren Lebenskrimi. Zögernd geht sie auf die Straße.

Paula.

„Mein größtes Problem war es schon immer, dass ich niemals die Ampeln beachte. Selbst wenn ich wollte, es wäre mir einfach zuviel. Alt und grau könnte ich werden, wenn ich an jeder Straßenecke stehen bliebe und warten würde, bis es einem dieser Ampellichter grün zu werden beliebt. – Viel lieber entscheide ich selber, ob ich da stehe oder gehe – wieso sollte ich wie blind einem dreifarbigen Apparat gehorchen? Doreen ist eine Ampel, und sie steht auf rot. Doch Paula beachtet das nicht. Sie hört nicht auf, sie zu lieben…

Mareike biegt um die Ecke, und sie schubst Paula auf die Straße. Eine wirkungsvolle Mordgeschichte, wenn eine Katze vorausgeschickt wird, die einen Menschen auf den Asphalt locken soll.

Berlin im Nebel. Die Hochbahn schleicht sich lautlos dahin. Ein trüber Nachmittag, die volle Stadt wirkt leergefegt. Paula trifft Doreen vor einer Kirche am Savignyplatz. Ohne zu grüßen geht sie an Paula vorüber.

Die Wohlhabenden speisen hier in den Restaurants. Der Zwang sich zu amüsieren lastet schwer. Die Armen um das Schlesische Tor irren durch den Regen. Der prasselt hier genauso heftig wie in Mexiko Stadt.

Am Savignyplatz ist alles kirchmäuschenstill. Die Makkaroni liegen kalt auf dem Teller. Niemand will essen.

Paula.

„Doreen ist echt. Ihr Leben ist wahr. Ich bin nicht echt. Ich ermorde das Unechte in mir. Schmerzbäume rasseln durch meine Köpfe, die schon auseinander bersten. Schmerzbäume, Giraffenhälse, Gaffer, Gaffer, die Frauenszene ist klein und gemein."

Anna knirscht mit den Zähnen. Die Gaffer lassen ihre Blicke rasseln. Immer noch vorhandene Schmerzblödheiten gerinnen.

Paula, die Liebende und Paula, die Ordnende, diese zwei, die so verschieden sind, sie geben sich ein Stelldichein.

Paula.

„Und deshalb geben wir es auf. Denn jedes Wort, das traf, ging daneben. Nur treffende Wörter, die ihr Ziel erreichen, sind für uns interessant. Wörter, in denen Menschen sich wiederfinden, keine Fetzen von Illusionen. Mögen sie die Wirklichkeit noch so sehr verändern."

Sie isst ihren Teller leer.

Nun sehe ich es klarer. Kein trockener Kopf mehr, der schwer an seinen Illusionen kaut. Mundwinkel verhärten sich nicht mehr unter strohigen Wangen. Kein ausgelutschter Wortbalg.

Paula.

„Erstarrt sind die Gedanken an dich, deren Kristalle ich in meiner Tasche mit mir herumtrage. Abwägend trete ich wieder hinaus, und finde mich am Rand von einer Waagschale wieder. Und heute trage ich an mir selber noch schwerer als an jedem Gedanken an dich."

Und Paula kämpft, doch Doreen kommt als Gedankenspuk zurück.

Zusammenzwingen??? Um welchen Preis???
Dinge teilweise trennen. Getrenntes vermischen. Verschieben, verwickeln. Zerfurchen. Frische Gesichter. Unbedacht und unbedenklich???? Entwerten. Abwerten. Verwerten. Auswerten. Zwei Seiten ein und derselben Medaille, und die Methodik ist so verschieden wie die Rhetorik. Doppelzüngige Janusköpfe. Gesichter geraten mit Vorliebe in die Politik – manche, wenige, kommen dort um. Gleichgültigkeit bedenken. Unverständnis verschleiern.

Eine Rose
schleudert sie ihr im Traum
ins Gesicht
mit der
sie sie
hypnotisieren
will
da
wacht sie auf
wird Kind
erklettert

eine Stange
auf der sie
niemals
oben
ankommt

Paula

„Du am Rand, und ich am Rand, wir springen beide über den Flaschenhals, wir lassen uns los, wir fangen uns wieder im Flug. Du und ich am Rand, getrieben und gezogen, von dir. Du Schwerhörige wegen des Fluglärms, wenn ich auch noch so laut rufe, du kannst mich nicht hören. Wir werfen uns über den Rand des Flaschenhalses, ziehen an Fallschirmschnüren, fangen uns im Flug."

Der Krimi des Verrats. Vertrauen tröpfelt langsam davon.
Und dann umschlingen sie sich wieder so fest in Gedanken, dass ihre Augen aneinander kleben.

Paula zu Doreen an einem seltsamen Ort

„Du bist jetzt bei mir, weil ich mit mir allein bin. Dich sehen könnenmüssen, dich verlieren könnenmüssensollen, dich nicht wieder gewinnen könnensollen. Das Herz still stehen lassen, und die Dinge werden all ihre grotesken Züge verlieren."
Paula betrachtet alles kopfschüttelnd, dann merkt sie, was da passiert. „Die Liebe blüht auf, erschrickt, fühlt sich ertappt, und sie erstickt. Und wenn du Pech hast, ist sie trotzdem ein Leben lang nicht mehr zu vertreiben. Wir sind einen Spaltbreit vom Miteinander-Reden entfernt! Bis an die Spitze irgendeiner Kirchturmkuppel vielleicht."

Die schnelle, strenge Nachgabe, als Paula ihre Wut erkannt hat. Die letzten Käsekrümel pickt sie auf, ein Überbleibsel von dem Genuss, Doreen gekannt zu haben. Spielraum, der zwischen ihnen klebt, Spielraum, der alles, was hätte sein können, noch einmal vor Augen zieht. Sie ergreifen ihre Chance nicht, sie ziehen die Bremsleine, der Augenblick ist verspielt, sie bauen nur noch Mauern in die Luft. Meistens sind sie zumindest auf einem Auge blind. Vor allem gegen den Schmerz. Der ist es, der Paula auf die Straße treibt. Öfters übernachtet sie jetzt im Park, es ist ihr egal, ihre Augen hält sie auf den Schmutz gerichtet und auf die ungeleerten Mülleimer, an deren Rändern Krähen hocken.

Paula trifft ihre Freundin Irene. Irene bleibt stehen, als sie Paula erkennt, und sie sieht ihr stumm ins Gesicht. Sie bittet Paula, mit ihr zu kommen. Paula nickt, ist müde, sagt trotzdem oder deswegen ja. Irene steckt sie in die Wanne, lässt klares Wasser ein, schrubbt sie langsam und gründlich sauber, befreit sie von der Schmutzkruste ihrer Gedanken durch ihre Fürsorglichkeit. Etwas Verlorenes kehrt langsam zu Paula zurück.

Irenes Gesicht entspannt sich. Sie ist erleichtert, als Paula, vorher stumm, nun ein paar Sätze spricht.

Aber Paula ist es hier zu eng, und in der Nacht entkommt sie heimlich. An Irene, die sich etwas auf die Couch gelegt hat, vorbei, geht sie den Flur hinunter, aus dem Haus zur Straßenbahn. Einen Gedanken trägt sie mit sich fort: Doreen. Sie muss sie wiedersehen. Muss mit ihr sprechen.

Sie steigt die Treppe hinauf. Die Klingel ist kaputt. Wie immer blickt sie direkt in das zerschlitzte Auge, ein Poster, das Doreen dort hingehängt hat, um böse Geister zu vertreiben; und jetzt kann Paula ihr eigenes Auge nicht greifen. Als Doreen aufmacht, schaut sie Paula lange ins Gesicht – dann schließt sie mit einem für Paula schmerzhaften Knallen die Tür.

Gerichtsverhandlung

Doreen hat momentan andere Sorgen als Paulas herzhafte Schmerzen. Die Verhandlung ist eröffnet. Doreen erhebt sich. Alle Blicke richten sich auf sie. Anklagend wirft sie ihre Augenscheinwerfer nach oben. Wiederholter Ladendiebstahl? Aber was haben sie ihr gestohlen? Die Verhandlung kehrt sich um. Zeiten, Geschehnisse werden fokussiert und durchleuchtet. Während der Wende. Durch ihre Zeit im Heim. Dadurch, dass ihre Eltern sie verließen. Doreen trägt keinem etwas nach. Und sie verliert nicht ihren Stolz. Nicht während des Prozesses. Sie nimmt das Publikum gefangen. Unter dem Eindruck ihrer Augen verwandelt sich der Gerichtssaal in einen Ball, Berlin wird Wien, die Geschworenen schauen sich an, erheben graziös die Arme, drehen sich zum Walzer im Kreis; Doreen und die Richterin in ihrer Mitte, die zu zweit den Tanz anführen. Doreen und die Schöffen fällen das Urteil. Alles ist wieder still. Die Staatsanwältin streicht scharf an Doreen vorbei, die heute ein wenig aussieht wie ein südländischer Junge. Prüfend durchkämmt die Staatsanwältin nochmals die Akten. Am Ende wird ihr strenges Gesicht milde, wenn auch besorgt, und sie nickt. Ein Wort schwebt durch den Raum, und das heißt „Jugendstrafe". Auf Bewährung. Eine mit einem krankenschwesternartigen Gesicht kommt herein, um eifrig ein Gutachten zu bringen. Seine Quintessenz, Doreen sei eine schwer wieder eingliederbare junge Frau. Nach diesem einschlägigen Urteil ist sie dennoch nicht ohne Chance. Das Urteil bekommt sie jetzt auf einem silbernen Tablett serviert. Das bringt die Angeklagte diebisch zum Lachen. Doreen, die Queen der Unterwelt des alten Berlin, in ihren gelesenen Abenteuern, ist jetzt zur Teilnahme an einer Reha-Maßnahme verpflichtet.

Doreen steckt den Staat in eine Maßnahme, und sie lacht. In der Maßnahme lernt der Staat Floristik in einem Ausbildungsbetrieb.
Doreen und Blumen. Gerne lässt sie ihre Finger durch die Blütenblätter gleiten. Doreens Gesicht, der Duft, das Muster. Doreen klebt alle Blumen mit Tesafilm an die Wände. Mexikanische Totenköpfe, aus Blumen gesteckt. Ihre Muster werden komplizierter.
Ihre Ausbilderin ist eine, die es gut meint mit den Mädels. Fünf hat sie bestellt für ihren Betrieb. Doch Margit, die jüngste, hat ein Problem. Sie hat wieder Drogen verkauft wie früher.
Doreen rast tanzend durch die Unterwelt der 20er Jahre in Berlin. Dazwischen arbeitet sie, und führt ein Doppelleben, zwischen Gärten und Gangstern.

Paula spielt derweilen nur noch mit plastischen, phantastischen Gedanken. Um sich nie mehr zu verlieren. Es gibt sie noch, die Bilder. Sie sucht danach.

Doreen macht sich in ihrer Reha-Maßnahme sehr gut; sie arbeitet fleißig, denkt nach, baut eine Zukunft für sich auf.
Martha und Franzi sind wieder zusammen.
Sabine fotografiert die Frau, die sie liebt, aus der Ferne.
Paula macht den Fernseher an.

Bergdrama
Paula sah die schöne Jägerin dort stehen, auf dem Marktplatz, vor der Sappho-Statue. Umgeben von der Schar ihrer Freundinnen und

Freunde. Die Berliner Stadtkulisse war verwandelt, und auf dem Kreuzberg liefen Hirsche und echte Hasen. Keine Kaninchen. Gemsen kletterten den Berg hinauf.

Doreen war, so schien es Paula, jetzt ganz in ihr eigenes Gewand geschlüpft. In das Gewand einer Artemis aus dem Süden. Erkannte sie sich vielleicht jetzt selber in ihr wieder? Ein Hoch auf die Zugereisten Westler, und ein Hoch auf alle Österreicherinnen, Schwäbinnen, Schweizerinnen, Bayerinnen? Was, wenn sie zurückkehren zu den eigenen Wurzeln?

Doreen hat diese Maske angenommen. Paula sieht sie da stehen, als sähe sie sie zum ersten Mal: so merkwürdig angezogen, mit einem schrillen, rosafarbenen, erjagten Bären auf dem Rücken. Es ist ihr Teddybär, den hatte sie hier liegen lassen. Ein Blick. Ein schräger Kalauer im Licht des Klischees. Ein Blick, und sie kann ihn nicht mehr vergessen.

Da stellt sie den Bären in ihre Trophäensammlung, die sie von ihren Ex-Freundinnen bekam. Paula findet sich hierin jetzt wieder. Die beiden jagen sich über die Berge, finden sich. Die Heldin wird verraten. Ein Tanz. Sonnenuntergang. Am Ende folgt ein Kuss....

Paula zu Doreen

Habe dich plötzlich ganz anders gesehen. Eine neue, unverbrämte Art, sich zu begegnen. Zeitsprung, weil Schichten von mir hier vergraben sind. Ich schäle mich heraus.

Das Sahnebonbon deines Genusses ist zerkaut. Da bin ich, der Wald und die Luft sind frisch, und langsam werden meine Wangen weich.

Untertauchen. Doreen ist eine andere geworden. Aus ihren Schalen ist sie gekrochen wie aus einer Muschel. Warum sie sich abgewendet hat von Paula? Vielleicht hat sie sich wieder verliebt. Vielleicht war wieder die Tauchstation schuld, auf die Paula sie unüberlegt geschickt hatte. Ja.

Reifen, die ineinander greifen wie die olympischen Ringe. Neuer Farbreigen. Wenn wir uns verändern, dann wandern wir ein Stück weiter, und manchmal zum Leidwesen derer, die hinter uns zurückgeblieben sind. Ein Reigen, ein Tanz, und eine andere Frau im Blick; ein Spiel, das sich auch allzu schnell verliert.

Ina

Doreens Fäden spinnen sich seit zwei Wochen um ein Mädchen namens Ina. Ihre Augen geben ihr die Hand.

Doreen sieht Ina zum ersten Mal auf dem Schiff. Genauso wie vorher Ninive. Das Kind reicher Eltern. Inas Augen sind zwei Magneten in der Mitte des Raumes. Auf der Tanzfläche hat sie die Fäden in der Hand. Sie ist Bewegung, Anmut, löst sich auf, wird dichter, blickt wieder um die Ecke. Klabaster. Doch das ist Show. Am Ende hat sie Doreen im Visier – sie fängt sich fest.

Inas Gesicht ist blass und wie aus bläulichem Porzellan. Alles um sie herum wird plötzlich schwarzweiß. Ina lässt ihre Umgebung zur porzellanenen Kulisse erstarren. Ihre Worte werden zu einem Duft, zu einem Bach, der allen um die Beine spielt, der sanft ist und kühl. Bevor sie sie einfängt. Ina scheint heute selber auf Löwenfüßchen im warmen Wasser ihres Blicks zu stehen. Stilgerecht sitzt sie vor zierlichen Möbeln, die ihre Anmut noch hervorheben. Sie vertieft sich ja so gerne in ihr eigenes schönes Gesicht.

Ina ist immer up-to-date. Doreen schaut sie an, um sich dann gleich mit einem schmerzhaften Ziehen in Rauch und Asche zu verwandeln; Ina kommt zu ihr. Durch ihre Blicke fügt sich Doreen für einen kurzen Moment lang wieder zusammen, und sie fühlt sich plötzlich verstanden. Erst nähern sich Inas Augen, um sie zu verschlingen, dann werden ihre Körper eins. Sie tanzen...

Und diese ganze verdammte Wahrheit, und die Unsicherheit und die Armut verschwinden aus ihrem Gesicht. Ina verfolgt sie, nähert sich, dreht sie in einen Wirbel. Die Kreise, die Ina um sie zieht, werden größer, und schließlich ist es Doreen, die Ina vor sich herzieht- Doreen, die ihr sonst folgt.

Zwei Monate später.

Ein paar Monate lang teilen die beiden Tisch und Bett. Doch Ina schält sich immer mehr aus ihrem Kokon als eine harte, ihr Opfer komplett einnehmende Person.

Schließlich ist Doreen, die Ausgelaugte, bloß noch ein Abklatsch ihrer selbst. So, wie sie sich sonst zeigt, ist sie jetzt zu Stecknadelgröße geschrumpft. Gerade die blitzende Wut und Power hinter ihren Augen nimmt Ina nicht wahr. Doreen wird zur kalten Porzellan-Puppe, die sich perfekt in Inas Umgebung einpasst.

Doreen geht nicht mehr zur Maßnahme; sie hat wieder angefangen zu trinken, und heute spürt sie das Glimmen des Alkohols in ihren Adern und wird ganz dumpf. Und manchmal, da rebelliert sie gegen das Puppendasein, das sie jetzt lebt. Und abends heimlich wieder wilde Kneipentouren durch Prenzlauer Berg und Neukölln. An diesen leeren Tagen, an denen Ina keine Zeit für sie hat.

Im Fernsehen läuft im Hintergrund MTV. Doreens Bier steht auf dem elfenbeinfarbenen Esstisch. Und alle Puppen tanzen, und etwas trickelt rebellisch durch ihr Blut. Der Saal der Spiegelungen ist groß. Ina und Doreen in verschiedenen Zeiten, und beide immer mit Stuck. Ina in Szene gesetzt. Ein Flüstern, ein Nachhall. Doreen schwankt. Sie ist der Nachhall von Inas Worten. Was sie zu Ina sagt, verklingt. Im Berliner Slang dahingeworfene Worte…. Doreen fällt….

Inas Körper ist seidig und glatt, Doreens Glieder wirken unproportional lang neben ihr. Ina wischt Doreen in ihrer Glätte einfach weg, sie gibt ihr einen Nasenstüber; schlaksig, frustriert sackt sie zusammen.

Doreen kommt jeden Abend, um Ina die teuersten Chips zu bringen. Nur die vergoldeten möchte sie essen, und als antiken Platingoldrahmen ihres eigenen Gesichts sieht Ina jetzt Doreen. Sie rückt den Rahmen – für einen kurzen Augenblick nur – liebevoll ins Zentrum. Und dieser Moment lässt Doreen gleich nicht mehr los.
Doreen träumt sich mit Ina in andere Zeiten, über die Zeiten mit Paula hinweg. In ihrem Traum ist sie viel mehr als Inas Abziehbild.
Die beiden schauen sich an aus einem geschwungenen Abstand, aus schrägen Augenwinkeln heraus; sie finden immer nur Leere in dem, was sie sehen. Doreen fällt langsam tiefer, in einen Abgrund. Ihre Freundschaft beruht auf Vergessen.

Ina und Doreen hocken in letzter Zeit sehr oft vor dem Fernseher, während die Öde in jede Ritze der picobello Wohnung kriecht. Der Goldrand dünnt sich aus. Die Sekunden, Minuten fließen; sie gehen in die Werbung ein. Doreen merkt, wie in ihrer Brust ein zerpflücktes Salatherz pocht. Sie fühlt sich seltsam, entfremdet, abgeschnitten, weit weg von sich selbst. Und auch heute hat sie früh zu trinken begonnen. Mit verschleierten Augen blickt sie auf Ina, die sich vor dem Fernseher die Nägel feilt, ohne zu beachten, welches Programm da gerade läuft. Vorbei ist der Spaß, den sie mit ihren Freundinnen hatte. Geschlossen der Raum, getrübt das Blitzen in ihren Augen.

Gleich kommt Lydia, Inas snobistische Freundin, ihre Affäre mit Haut aus bröckeligem Blattgold. Ob Doreen das verstört und verletzt, darum schert sie sich wohl kaum. In Vorfreude auf Lydias Ankunft summt Ina ein Stück von Telemann, wirft Teile des Taktes durch den Raum.

Mit Paula war es anders. Mit Paula hat Doreen ihre Farbe, Power, Geschmack und Vorlieben geteilt. Ina hingegen ist eiskalt und gefährlich; sie entzieht Doreen ihr Blut, sie macht sie blass und schlapp, sie wickelt sie in ihre lauwarmen Lappen ein.
Doreen hat nicht viel Geld. Ina ist reich. Und doch ist Doreen die, die bezahlt, wenn sie ausgehen.
„Money, that's what I want." Doreen schaut Ina herausfordernd an, als dieses Lied im Radio läuft, und Ina merkt sich ihren eindringlichen Blick. Keiner kommt aus seiner Haut heraus, und wo man aufgewachsen ist, da hat man sich das kranke System geholt, das einen auffrisst. Doreen erschrickt. Dann legt sie ihre Stirn in Falten. Ein Kreisel, eine Spirale zieht sie nach unten. Ina macht ein verächtliches Gesicht, und die Maske unter der gepuderten Schminke erstarrt. So viele Schminkschichten. Wo ist denn die Frau zu finden? Keine Bewegung. Da ist kein Mensch. Ina stößt Doreen weit von sich, so dass sie am anderen Ende des Raumes auf dem Fußboden landet. Das ist zuviel. Doreen steht langsam auf, baut ihre Arme zu

einem bedrohlichen Bogen, wächst heran zu ungeahnter Größe, schnaubt vor Wut. Sie möchte Ina zu Boden werfen.

Ina sendet ihr einen zornigen Blick; zwischen ihnen vibriert ein Gift, und alles um sie herum wird grün wie Absinth. Die Entfernung scheint viel zu groß, und sie winken sich mit den geschwungenen Ballen und Zehen verächtlich aus der Distanz heraus zu. Georg Phillip Telemann läuft noch im Hintergrund. Ina erhebt sich hämisch vom Boden. Es klingelt, es muss wohl Lydia sein. Doreens Gesicht wird gelb, und sie sucht langsam und schleppend das Weite – ihr Aufstand ist vorbei.

Zwei eigentümlich lange Wochen später. Doreens Freundinnen kommen sie zum ersten Mal in Inas golddurchwirkter Wohnung besuchen. Sie staunen. Die Glotze läuft auf Marmorfüßchen, sie schaut in Doreens leeres Gesicht. Die diamanten-silberne Klingel schellt eine süßliche Melodie. Lydia haucht sich in den Raum. Sofort beginnt Ina mit ihr zu turteln und zu gurren, und dieser Klang schlägt sich Doreen wie Seitenhiebe um die Ohren, während das Streicheln ihr Auge beleidigend umschlingt. Der Umgang ist schlecht, so finden die Mädels, er lässt Doreen herausfahren aus sich selbst, die, die sich am schnöden Mammon ergötzt, sie lässt sie jetzt ganz leise werden, verschwinden lässt sie Doreen wie der letzte Sand in einer schon vor Zeiten umgedrehten Uhr. Sie glauben, genau zu wissen, was diese Frau bewirkt. Und Doreen hat jetzt das rostrote Mal der Verräterin auf der Stirn. Ihre rosarote Brille haben die Mädels versetzt, wegen des Goldrands, wegen einer, die ihr nicht nah ist, nicht ihre Welle, nicht ihr Ort.

Doreen hat Abstand von dieser Clique genommen, oder die Clique von ihr. Die Mädels ziehen ohne Doreen los, um ihre gefiederten Farben über die Straßen zu werfen. Sie schauen an der Freundin vorbei, wenn sie ihr begegnen, und Annas Papagei, der auf ihrer Schulter sitzt, kräht verächtlich. Abartig findet er Ina, ebenso Doreens Leidenschaft für sie. Ein enges Gefühl schnürt jeder einzelnen die Kehle zu. Was das bedeutet? Selbstverlust! Ein Film, der sie jetzt abtauchen lässt zu sich. An Doreens Platz bleibt Leere zurück. Die Seile ziehen sich zusammen über Doreen, die Enge scheint keine Grenzen mehr zu kennen.

Paula. Die Mädels.
Als die Mädels vor ihren Augen ein dunkles und grelles Bild von Doreen und ihrer neuen Freundin malen, ist Paula entsetzt – dass Ina Doreen so verächtlich in ihr Leben spuckt! Dass sie ihr Lasso ausgeworfen nach Doreen und sie prompt eingefangen hat wie ein ahnungsloses Fohlen. Dass sie sie von ihr wegholt. Wütend stemmt sie sich gegen die hohle Mauer, die sie von Doreen trennt, und gegen den Frust.
In ihrem Traum, da möchte Paula einen mit Talg beschmierten Baum hochklettern, immer an einer bestimmten Stelle, da werden ihre Arme schwer, und immer rutscht sie, talgverschmiert und nicht mehr greifen könnend, dahin, wo sie am Anfang war. Mit jedem Versuch wird sie schwächer, verliert sie sich, ihren Ort, ihren Sinn. Paula ist eifersüchtig, aufgebracht und frustriert.

Paula steht heimlich Wache vor Inas Wohnung. Sie beobachtet, sie merkt sich jedes Indiz.
Sie möchte Ina in einer Falle fangen. Sie möchte sie überführen. Sie möchte sie fortreißen von Doreen... Aber nie kann sie etwas Auffälliges an Inas gekalkter, geschnitzter, blut- und mahagoniroter Wohnungstür bemerken.

Erneutes Treffen von Paula und Doreen

Eines Tages, Paula fährt mit ihren flüchtig gepackten Sachen zur Uni, da sehen sich Paula und Doreen unerwartet, in der U-Bahn, Linie 1. Sie werfen Blicke hin und her, so seltsam, so vertraut. Zurückgeblieben wie die Stimme in der U-Bahn.

Auf einmal zerbricht die graffitti-beschmierte Fensterscheibe – und nur, weil Doreen ihren Blick darauf geheftet hat. Und Paula bemerkt jetzt überdeutlich die indianerhaft in Doreens Gesicht gemalte und geschriebene Wut.

Der Mord

Langsam glätten sich die Wogen zwischen Doreen und ihren Freundinnen wieder. Aber Doreen hat sich schon lange nicht mehr blicken lassen. Die Mädels haben ein schales Gefühl; seit einiger Zeit schon ist Doreens Wohnung verwaist, die Fenster wirken hohl und leer, und wo sonst Musik erklang, ist es jetzt stiller als still. Beklommen sehen sie sich an. Sie merken, etwas stimmt nicht. Ihre Power ist jetzt schal, gedämpft. Doreen darf nicht fehlen, irgendwie hapert es ohne sie am Swing.

Dodo hat den Schlüssel zu Doreens Wohnung. Sie ist leer, als sie sie betreten; ganz hinten liegt ein Körper über einem Stuhl, mit steif herabhängenden Armen. Wie eine Marionette.

Es herrscht bedrücktes Schweigen; die Frage „Was ist geschehen?" schreckt stumm aus allen Gesichtern. Die Mädels summen, flüstern ein Lied, matt träumt sich der Nachmittag dahin. Sie fassen sich am Arm, sprechen sich leise Mut zu, dann wird es wieder still. Und lange klebt die stickige Zeit an ihnen, bis sie schließlich nach der Polizei telefonieren.

Das Markenzeichen der Kommissarin Thea Schade ist das Pfeifchen, das lässig in ihrem Mundwinkel klemmt. Zuhause bei ihr? Schrankwand, karierte Tischdecke. Plastikblumen, auch im Esszimmer. Der Eindruck, als würde sie sie täglich gießen. Kunstdrucke an den Wänden.

Ja, heute muss sie Indizien aufnehmen, und außerdem Paula Weißlich interviewen. Damit sie ihr alle Gegenstände, Fotos identifiziert. Sie will sie fragen, ob etwas in der Wohnung anders ist als früher. Ob vielleicht Spuren zu finden sind.

5 vor 9 Uhr an dem nämlichen Tag in Doreens verlassener Wohnung.

Nachdem Paula sich umgesehen hat, nachdem sie sich wieder in den Ort versenkt hat, fällt ihr Blick auf die vielen Fotos an der Pinnwand. Mosaiksteine eines bunten Lebens. Dort, wo Paulas Fotos hingen, klafft eine Lücke. Ein paar Bilder von Ina liegen zerrissen auf dem rosa geblümten Schreibtisch. Nur ihre alten Freundinnen hat Doreen noch an den Wänden hängen gelassen. Mit denen tanzt sie auf den Fotos um die Wette. Tänze der Lust und Tänze der Freude, damals, als sie sich häufig selber begegnete.

Auf einem der Fotos posieren die Asphaltbrecherinnen in voller Fahrt. Sie sträuben ihre blau und lila gefärbten Haare. Das Farbspiel macht das Leben bunt. Auf einem anderen Foto ist Doreen sehr hübsch, und offensichtlich im Vollbesitz ihrer Bäume ausreißenden Power. Ein wüstes Kichern auf den Lippen, mit Lachsalven wirft sie um sich, man sieht: für knietiefe, Tollereien auslösende Scherze ist sie zu haben.

Thea Schade ist irritiert und fasziniert, als sie die Photos fachfrauisch betrachtet. Soviel Power! Es wird ihr langsam klar: Dies hier ist für sie mehr als nur ein Fall. Was ist es, das sie so berührt?

Vielleicht der Klang, der in den Photos sichtbar wird. Die schräge Gang mit ihren Blasinstrumenten: Kämme, Tröten, silbernes Saxophon. Auf einem Photo sind sie wirklich am Spielen, Spucke an den Mundwinkeln und Blitzen in den Augenwinkeln. Die Töne selber sind auch bunt, und sie verzaubern das Bild. Beim Betrachten der Photos kann Paula die Töne hören, wohlig prickelt die Kraft in ihren Unterarmen.

Paula betrachtet verstohlen die Kommissarin. Sieht dann mit ihr zusammen weiter die Bilder an. Ihr Auge bleibt an einem Photo von Doreen kleben, das erst seit kurzem hier seinen Platz gefunden hat: Doreen als Kind, in einem Heim. Im Grünen gelegen. Hinter dem grauen Betonbau ein Teich.

Hineinfallen verboten. Hemdenmätze, die hinter Bäumen hervorblicken, aufschrecken, an den Köpfen rasiert, die sich verstecken. Aber damals schon: Das überschäumende Temperament, und der Schalk, der ihr so unverkennbar aus den Augen blitzt.

Ein anderes Bild. Dorle lehnt mit ihren riesig großen Schwarzaugen vorne an einem Baum. Feuer an den Rändern ihres Blicks. Keines ist so wie Dorle.

Paula entlässt die Traurigkeit aus ihren Gedanken. Wie wäre es, wenn sie jetzt immer noch Musik in den Asphalt stampfen würden?

Die Kommissarin findet Paula aufgelöst, ihre Haare verwirrt. Zu ihrer Beruhigung bietet sie ihr starken Kaffee an. Fragt nach den Bildern, Situationen.

Paula betrachtet das Gesicht der Kommissarin. Ein warmes Gefühl…

Paula:

„Die Kommissarin muss mich heute wieder als Zeugin befragen, sie muss noch mehr herausfinden über das Verhältnis von Ina zu Doreen und von Doreen zu mir. ‚Haben Sie morgen Zeit?', fragt sie mich, Thea Schade, nachdem unser Blick sich auf eine intensive Art begegnet ist. Und dann erinnert sie mich plötzlich an Doreen. Vielleicht gerade, weil sie so vollkommen anders ist."

Paula: „Ich werde sie treffen, ich werde mit ihr essen gehen."
Später. „Wir sitzen am Tisch, unechte Blumendeko, kitschige Farben. Die Kommissarin lächelt hinter vorgehaltener Serviette. Etwas in ihrem Blick ist tiefer als diese Decke. Ich erzähle. Erzähle ohne zu stoppen.
Sie mag meine Liebesgeschichte mit Doreen. Sie ist erschüttert, dass sie nicht von Dauer war."
 Die Kommissarin taucht in das helle, weiche Gefühl, das von Paula zu ihr herüberschwappt. Sie lässt sich, erst zögernd, dann immer bodenloser, fallen in ihren Blick. Da ist etwas wie knisterndes Laub.
Sie interessiert sich dafür, was es auf sich hatte mit der Beziehung von Paula und Doreen. Und warum sie am Ende so kläglich gescheitert ist.
Das Verstehen spiegelt sich in Thea Schades Blick, und Paula ist froh darüber.

Was Paula denkt, dass Ina denkt, dass Doreen über ihre Beziehung zu sagen hätte.
Wildwachsende Kleeblätter. Rübenacker, der vor sich hinträumt. Und Frühlingsluft, die Morgen wieder zu mir zurückschlägt. Die

mich nicht haben will. Sie, diese Frau, die meine Haut in sich zu-
sammenschnurren lässt wie eine harte, schrumpelige Zitrone. Die
Frau, die meine Liebe kurz weckte, süß werden ließ, um mich dann
abzustoßen, sie, die mich schockierte, schlug, damit sich sauer
mein Mund zusammenzog. Indem sie mich mit ihren Wattebäu-
schen, mit ihren lackierten Zehen erstickte.

Paula lernt die Kommissarin Thea Schade besser kennen. Die zit-
ternde Spannung der Nähe zwischen ihnen hält an. Bei einem Kaf-
fee und ein paar Likörchen wird Thea gesprächig. Sie war schon
immer eine Eigenbrödlerin gewesen, gesteht sie. Immer hatte sich
ihre elegante Mutter hinter Pelzmänteln versteckt. „Bloß nichts
preisgeben" war in ihrer Familie die stumm an die Wand gemalte
Devise gewesen. Nach außen hin schien die Mutter ein Raubtier zu
sein, im teuren Pelz. Was sie wirklich war, das wusste Thea nicht.

Großgeworden war Thea in einem Landgut in Schleswig Holstein,
bevor sie dann, kurz nach der Wende, nach Magdeburg zog.
Die Wände in ihrem Elternhaus waren allzu kahl gewesen und grau.
Das Haus fast ohne Mobiliar. Gegen den Willen ihrer Mutter hatte
die Kleine ein großes Interesse an Kunst entwickelt, und an Kultur.
Und auf der anderen Seite auch: für Kitsch, für Nippes, für wäch-
serne Tischdecken mit Blumenmotiven. In diese Decken wickelte sie
etwas Zartes ein – einen Teil ihrer selbst.
Die Galerien, die Lesungen, die Thea täglich besuchte, seit sie zwölf
war, sie waren für sie die einzige Art, um sich selbst wieder aufer-
stehen zu sehen. Durch die sie die Leere hatte füllen können. Und
schon sieht Paula keinen Gegensatz mehr zwischen dem künstle-
rischen Zug von Thea und den Plastikblumen, die überall die Woh-

nung zieren. Ihr Inneres, der Poesie und der Kunst sehr zugeneigt, hält sie fast immer ängstlich vor der Außenwelt verborgen.

Niemand scheint das zu bemerken. Den Schein, den ihre Mutter für ihre Bekannten aufrechterhält, bewahrt die Tochter ausschließlich für sich selbst. Ihre Lust, Spuren aufzudecken, beschränkt sich auf ihre kriminalistischen Fälle. Sie hat sich in einem gewissen kuscheligen Vakuum eingerichtet. Sie ist jetzt sehr allein.

Die Kommissarin gesteht Paula, wie leidenschaftlich gern sie sich in Kriminalfilme vertieft; und dies bewirkt, dass die Gestalten aus den Filmen nicht nur ihr Vorbild, sondern in der Tat lebendig wurden. Ihre Wohnung ist mit Postern und Gegenständen geschmückt, die sie an diese alten Filme erinnern. Jetzt ist sie glücklich, dass es noch einen Menschen gibt, der sie ansieht, der sie versteht.

Für die nächste Woche verabreden Paula und Thea sich zum Essen. Um den Fall noch einmal gemeinsam zu besprechen.

Als Paula verspätet zur Tür hereinstürmt, sitzt die Kommissarin schon da. Sie schauen sich tief in die Augen, bevor sie bestellen. Provencalisches Kalbfleisch mit Thunfischsauce. Mediterrane Atmosphäre.

Kalbfleisch aus der Nuss, gebunden. Harmonisch der Anblick der Oleander in Kübeln, Flan de tomates au basilic. Zum Nachtisch Timbale meringuée aux framboises. Steinerne Statuen schmücken die Ecken. Ein Brunnen der Wahrheit, wenn man seine Hand in den Mund steckt, aus dem das Wasser auf einen zurinnt. Draußen Blumengärten. Sie schlürfen besten Rotwein, sehen sich stillschweigend an. Der Forschergeist der Kommissarin ist ungebrochen. Flan de légumes du jardin und Macaroni aux truffes. Paula streicht ihr dabei die Haare aus dem Gesicht.

Paula ist Theas erste Frau. Sie nimmt ihre Hand- bis dann der nächste Gang serviert ist. Die Oleanderbüsche wehen leise im Wind. Sauce aus getrockneten Oliven und Tomaten. Tiroler Edelcaramelcreme. Wieder ein paar Einzelheiten aufgedeckt. Degustation von Wein und Schokolade. Beim Nachtisch ist der Kriminalfall in weite Ferne gerückt. Die Grenzen fallen. Sie legen Spuren, treiben aufeinander zu. Fast widerwillig streicht die Kommissarin Paula über das Ohr. Und dann der erste Kuss, zwischen zwei Schlucken von der Kehle besonders schmeichelndem Wein.

Paula und die Kommissarin in einem Hotelzimmer auf Rügen, mitten im Wald. Es riecht nach Holzfeuer, nassen Blättern. Sie werfen sich aufs Bett und lieben sich. Später gehen sie im Wald im nassen Regen spazieren.

Die Kommissarin mag diesen Fall sehr. In ihn einzutauchen ist wie die Sonne auf dem Körper zu spüren nach einem langen Winter. Sie liebt auch Paula. Etwas in der Kommissarin taut auf. Paula sieht weg. Die Blüten der Weiden fallen ihr auf den Kopf. Die Grenzen weichen.

Und Paula erzählt jetzt weiter ihre Geschichte. „Money, that's what I want." Als sie bei diesem Satz ankommt, erinnert die Kommissarin sich an einen Film. Sie kann nicht anders, als ihn Paula zu erzählen. Vielleicht, um sie von ihrer Trauer abzulenken um Doreen.

Eines trüben Tages wurde die erfolgreiche Geschäftsfrau Alma O'Higgens in ihrer Wohnung in Nord London unter Efeu, Bromelien und Tulanzien tot aufgefunden. Eine Frau, der trotz ihrer fortgeschrittenen Jahre die Männer und auch die Frauen verfielen. Ihre feine Haut wirkte edel; dass sie ein besonderer Mensch war, spürte man auch in der Luft, die sie atmete. Zuckerwatte schien in ihren weißblonden Haaren zu kleben. Die Art, wie sie sich voll und ganz in ihre Gegenüber versenkte, wirkte erhebend auf ihre Umgebung.

Heimlich liebte sie bunte Naschereien wie Zuckerstangen und Konfekt. Das war ein Geheimnis, das sie wie ihren Augapfel hütete; niemand ließ sie in die Räume, in denen sie die sorgsam gehorteten Schätze verbarg. Die Polizeibeamten fanden die geheimen Bereiche ihrer Wohnung voll davon.

Die Kommissarin stellte sich natürlich die Frage, was Alma O'Higgens für ein Mensch gewesen sei. Die Antwort war meist dieselbe: Sie besaß einfach von allem ein wenig zuviel. An Geld, an überbordender Schönheit. An Liebe, die ihr immer unvermittelt zuflog, wenn sie die Menschen auch nur ansah. Und das langweilte sie.

Sie ließ die Sonne eindringen in ihre Gedanken – aber niemals zu tief. Alles war leicht, ihr Leben, umgeben von ihrer Zuckersammlung, den Marmorstatuen, von ihren Bediensteten. Erstaunt war sie nur über die Reaktion, die sie bei Männern – und auch bei Frauen – auslöste.

Die Tote war nur mit einem bordeauxfarbenen Kimono bekleidet gewesen. Besonders auffällig waren die Edelsteine, die der Täter anstelle der Augen zurückgelassen hatte. Sie wirkten auf die Kriminalbeamten und auf alle, die sie sahen, wie Zuckerkristalle. Gina Power, die Kriminalistin, hatte sich soeben zum Tatort begeben, und sie betrachtete das Opfer von allen Seiten. Almas Bademantel nahm sich seltsam aus an ihrem Körper, angesichts der glitzernden, toten Augenhöhlen.

Es handelte sich wohl keineswegs um einen Raubmord. Der Täter hatte vielmehr die teuersten Juwelen nicht nur in den Augenhöhlen des Opfers, sondern überall am Tatort hinterlassen. Damit hatte er dem Raum einen paradiesischen Glanz verliehen, neben dem die kunstvollen Paläste aus glasiertem Zucker zweitklassig wirkten. Jemand hatte hier etwas wirklich Wertvolles kreiert.

Der Fall ging in die Kriminalgeschichte ein. Alle Zeitungen berichteten ausführlich von ihm, und allerorts wurde über die Motive des Täters gerätselt.

Man hatte sogar in der Blumenerde Juwelen gefunden, in Vasen, festgeklebt auf den Blütenblättern der Pflanzen, auf goldumränderten Toilettenbrillen – und natürlich auf den mit knallblauen und rosa Lutschern geschmückten Edelchrom-Küchenregalen. Manche von ihnen waren geschnitzt und bearbeitet. Ein in allen Farben phosphoreszierender Elefant zierte ein besonders gelungenes Exemplar, den anderen eine brillante Geschäftsszene mit Sekretärin und Computer. Es schien schlechterdings unmöglich, einen Stein von der Härte eines Diamanten auf diese Art zu bearbeiten.

Erst sehr viel später fasste man Bruno Perkins, der mit 18 schon aus Liverpool nach London gezogen war, als potenziellen Mörder ins Auge. Für die Kriminalistin und ihre Mitarbeiter warfen sich nun Probleme auf, wenn es darum ging, Einzelheiten über das Leben dieses Mannes in Erfahrung zu bringen.

Indem Gina und ihr Team jene befragten, die ihm, manchmal täglich, begegnet waren, kamen aber doch noch einige erhellende Details ans Licht.

Zeitlebens war Bruno Perkins ein Mensch gewesen, der sich nichts hatte leisten können. Ein Mensch, der sich mit dem geringst möglichen Lebensstandard zufrieden gab. Ein armer Mensch, der, mit häufig triefender Nase, in einer verschimmelten Kellerwohnung, ohne Heizung und ausgestattet nur mit spärlichen und verschlissenen Möbeln vor sich hin vegetierte. Dafür aber gab es einen Grund: Er war verliebt, und das seit Jahren schon. Permanent schwebte er auf einer Wolke; nicht oder nur kaum bemerkte er die Realität, die ihn umgab; und also war er auch nicht in der Lage, sie zu ändern. Im Andenken an seine Liebste trug er ständig eine Barbiepuppe in der Tasche.

Das erste Mal war seine Angebetete, die Zuckerlady, beim Karnevalsumzug von Notting Hill an ihm vorübergeschwebt, vor 40 Jahren, in einem bunten und schillernden Kostüm. Sie hatte ihn damals an einen Pfau erinnert, oder an eine indianische Göttin mit leicht bronzener Haut, mit ausladendem, schillerndem Federschmuck, mit einem mexikanischen Zucker-Totenkopf, der an einer Kette um ihren Hals baumelte. Kaum konnten seine Augen es ertragen, so sehr hatte sie ihn damals geblendet. Gerade um die Augen- und Ohrenpartie herum schien alles an ihr zu glitzern und zu gleißen. Er war fasziniert, konnte nicht mehr von ihr lassen. Begann ihr zu folgen. Überallhin. Langsam bekam er alles über sie heraus.

Fünfmal pro Woche kam sie an ihm vorüber- auf dem Weg zu ihrer Arbeit. Wie anders war sie in ihrem Alltagsleben; sie war Geschäftsfrau durch und durch.

Bereits eine halbe Stunde vor dem Erscheinen von Almas schwarzer Limousine hatte er schon sein immer gleiches Plätzchen auf der Straße okkupiert. Nach einer Sekunde war sie jedes Mal wieder verschwunden, aber dann ließ sie ihn mit einem ungeheuren Glücksgefühl zurück. Sie blickte in diesen kurzen Momenten immer haushoch über seinen Kopf hinweg. Die Augenblicke, die ihre Gegenwart ihm schenkte, waren eine feste Größe in seinem Leben geworden.

Die Vorstellung, einer normalen Arbeit nachzugehen, war für ihn durch Alma unmöglich geworden. Eine größere Süßigkeit als die durch ihre Liebe erlangte gab es für ihn nicht, und deshalb ließ er alles andere schleifen. Die Zeiten, in denen er auf sie wartete, in denen er einen Blick auf sie erhaschte, verteilten sich wohlig; sie rieselten ein in sein Leben, und machten es zu einem glücklichen Ereignis. Wenn da nicht diese ganz anderen Momente gewesen wären.

Man sah es dem zerlumpten Mann kaum an, dass er von einer grenzenlosen Leidenschaft getrieben wurde. Seine schäbige Kleidung. Seine Einsamkeit. Und trotzdem spiegelte sich in seinem Inneren ständig der Status dieser Frau, die er beobachtete.

Einmal, vor etwa zwanzig Jahren, hatte sie ihm eine Münze und ein knallrosa Bonbon zugeworfen, und er hatte beides aufgefangen wie ein dressierter Delphin. Dies war ein denkwürdiger Tag gewesen. Bei dem Gedanken daran sammelten sich in seinem Kopf auf einmal bunte Punkte, Zuckerstückchen, die ihm seine Belohnung versprachen. Sie verdichteten sich sehr bald zu einer genialen, seine Welt verändernden, melasseartigen Idee: Reichtum, der ihn vor ihr stark machen würde: Juwelen, wie die Geliebte sie im Karneval getragen hatte, nur ungleich grandioser und prachtvoller sollten sie sein. Wenn er das nötige Kleingeld hätte, er würde sich damit seine Liebste vielleicht gewinnen. Eine andere Möglichkeit, sie für sich zu begeistern, gab es für ihn nicht.

Viel Zeit verging ihm über diesem Traum. Obwohl er langsam runzelig wurde, und obwohl die falsche, zu zuckerreiche Ernährung sich immer mehr in Form von Schwäche in ihm anzulagern schien – seine Mundwinkel wurden zerfurchter und seine Augenhöhlen immer tiefer – sah er sie, und sich selber, noch immer so wie früher, sie makellos, und in demselben Kostüm, mit Wangen wie zartrosa Zuckerwatte, und er selber blieb derselbe unscheinbare Mann.

Außer Alma gab es aber noch einen einzigen anderen Menschen, der ihm, wenn auch in einer ganz anderen Weise, etwas bedeutete. Dem Mädchen war er einmal auf einem Spielplatz begegnet. Es hatte gelacht. Ihm seine Sandkuchen gezeigt. So lange hatte ihm schon niemand mehr in die Augen geschaut, dass er ganz verlegen wurde, und traurig.

Aus wiederholten Begegnungen war langsam eine Freundschaft zwischen dem Mann und dem Kind entstanden. Er hatte oft mit ihm gespielt. Die Eltern billigten die ungewöhnliche Verbindung, denn er hatte das Mädchen an dem Tag, als er es kennen lernte, gerettet, als es auf dem Spielplatz von einem Turngerät zu fallen drohte. Es schien irrational, denn er war keine gepflegte Erscheinung, aber sie hatten Vertrauen zu Bruno. Sie erlaubten es ihm sogar hin und wieder, das Kind allein zu hüten, es in den Park zu führen, wenn sie nicht zugegen waren. Aber die Tage mit dem Mädchen waren selten.

Sehr oft kaute Bruno im Andenken an seine Geliebte goldgelbe Bonbons, und ihr Geschmack in seinem Mund nahm ihm das Einsamkeitsgefühl. Weil es ihm Alma näher brachte. Alle nannten ihn den Zuckerlutscher. Manchen Nachbarn war er tagtäglich begegnet – ruhelos durchstreifte er häufig die Straßen. Doch schien ihn niemand wirklich zu kennen.

Der Endpunkt seiner täglichen Ausflüge war jeweils ein Pelzmantel-Geschäft, der Ausgangspunkt ein Juwelierladen. Seinen immer gleichen Weg hatte er so mit Bedacht gewählt, dass er an mehreren edlen Süßwarenläden vorbeikam, die vollgestopft waren mit Wundern und Köstlichkeiten: Mit allen möglichen Tierfiguren aus Schokolade, Zuckerguss, mit karamellisiertem Ingwer und mit Süßigkeiten in den verschiedensten Farben und Formen. Von jedem der Läden machte er häufig Photos, die er später in seiner Wohnung an die Wände heftete, um sie dann peinlich genau nach Daten geordnet in seine Photoalben einzukleben: Wundervolle Figürchen, Stangen und Gebäude aus Zucker. Immer wieder lichtete er sie ab. Alle Wände seines Kellerlochs waren mit solchen Photos tapeziert.

Außerdem war er geradezu besessen von der Idee, Rohdiamanten in geschliffene zu verwandeln. Obwohl er selbst noch keine Diamanten besaß, legte er sich bereits vorsorglich aus gestohlenem Werkzeug ein kleines Schleifstudio an. Beharrlich übte er die Schleifkunst an Glas – und wurde bald so perfekt, dass ihm gelang, was andere niemals schafften: Glassteine von anderthalb Zentimeter Durchmesser in winzige Figürchen zu verwandeln, in kleine Tiere, meist afrikanische, in anmutiger Haltung. Seine weitere Spezialität waren Szenen aus einem Alltag, wie er sich den seiner Angebeteten vorstellte. Ihn sich auszumalen, und ihn dann in aberwitzige Glasschliffe umzusetzen, das bereitete ihm Herzklopfen und riesiges Vergnügen. Nun, er hatte Zeit, doch es blieb spannend: Würde er die Härte der Diamanten noch knacken? Wie sich das Material gefügig machen? Einen Zuckerhut lutschte man weich. Doch einen teuren Stein?

Beharrlich hatte er sich über Jahre hinweg in die Materie versenkt, er belauerte sie, er überwachte sie, arbeitete am Schleifwerkzeug, entwickelte es weiter. Er liebte den Vorgang des Schleifens; es stand für ihn für die Verfeinerung alles Wertvollen und Edlen, das von seiner Grobheit zu befreien war; für all das, was er seiner Geliebten antun wollte, um sie in seinen Augen noch wunderbarer zu machen: Er würde sie formen, er würde sie prägen. Er würde das Edle in ihr erkennbar machen. Sie ganz zu etwas machen, das ihm gehörte. Er würde es auch schaffen, echte Diamanten in Figürchen zu verwandeln – und zwar mit dem geringstmöglichen Verlust an Material. Am Ende gelang es ihm, einen Schliff zuwege zu bringen, den kein Experte für möglich gehalten hätte: Einen Schliff echter Diamanten, der es erlaubte, alle Formen nachzubilden, die man sich vorstellen konnte: Ecken, Kanten, Muster, aus denen sich unter seiner unendlichen Geduld die von Bruno so favorisierten Figuren zusammensetzten. Manche Steine waren so geschliffen, dass sie fast vollkommen rund wirkten: Ein schieres Ding der Unmöglichkeit, wie jeder Experte sofort verkünden würde. Brunos Geheimnis: Dass er dabei an Zucker dachte. Äußerste Vorsicht war geboten; Zucker wie Diamanten konnten splittern. Er ging aber so umsichtig vor, dass sie es niemals taten.

Mit einem Prisma schaffte er es, Sonnenstrahlen einzufangen, sie zu Glut zu verdichten. So baute er eine Maschine, mit der er Sonnenenergie in Schleifenergie verwandelte. Gelesen hatte er von dieser geheimen Möglichkeit in einem alten Buch vom Speicher seiner Großmutter. Schließlich war es soweit; er fühlte sich in dieser Sache beinahe perfekt. Er hatte jetzt soviel Wissen angesammelt, dass er sich an echtes Edelsteinmaterial wagen konnte – was er jedoch noch nicht besaß. Auf das Problem der Beschaffung von Diamanten richtete sich jetzt sein Verlangen. Manchmal, da sah er zu dieser Zeit im Traum einen seltsamen Vogel auf sich zufliegen; einen Falken, dessen Augen hell und strahlend glänzten. Das Tier hatte goldene Federn. Er sah auch merkwürdige Gestalten; einen Mann im Trenchcoat, der aussah wie ein Detektiv, ein Mädchen namens Paula, und ein anderes, das hieß Doreen. Sie alle waren von einer Patina von Diamanten umgeben, ja, sie waren damit förmlich gespickt. Er fühlte sich in eigentümlicher Weise mit ihnen verbunden.

Bruno hatte die Dinge immerhin fast vierzig Jahre lang reifen lassen. Er hatte Karten gezeichnet, Pläne geschmiedet. Dann hatte er sich unaufhaltsam wie ein Maulwurf in den Untergrund gegraben. Wie oft hatte sein Rücken das nicht mitgemacht, durchhängend, pochend und schmerzend, denn sein Alter, der dunkle Keller machten ihm langsam schwer zu schaffen. Er aber, ausgestattet mit dem frischen Mut eines Kindes, stemmte seine gesamte Willenskraft gegen die Furchen, die Folgen des Verschleißes. Er arbeitete fieberhaft: Seine Bestimmung musste er erfüllen, dann konnte er in Ruhe sterben. Zwei Jahre lang schuftete der Alte beinahe jede Nacht mit seinem Spaten, mit schmerzendem und stechendem Rücken. Vom Kanalschacht aus war so ein Stollen entstanden, der dem eines Zuckerbergwerks glich. Nacht für Nacht hatte er sich durch den Boden gefressen, zäh und beharrlich, oft schwer schwitzend, ein alter verbissener Mann, vor Anstrengung röchelnd, immer in Gefahr, entdeckt zu werden. Ein Mann, der für sein Alter so Übermenschliches vollbrachte, dass der Sand in seinem Getriebe knirschte. Der süße Geschmack nach dem erhebenden Zucker blieb in seinem Mund. Die Vorstellung von spröde splitternden Diamanten auf seiner Zunge brachte ihn dazu, mit Beharrlichkeit seine Pläne zu verfolgen.

Eines Tages war es soweit. Mit der Wucht eines schweren Steines hatte er am Ende den Fußboden des Juweliergeschäfts durchbrochen. Gleich darauf brach er zusammen.

Als er seine Kräfte wieder gesammelt hatte, begann er, immer noch zäh und beharrlich, mit dem Einsatz von Plan b. Natürlich hatte er diesen Moment bis ins Kleinste genau vorbereitet. Natürlich hatte er auch geübt, wie man sämtliche existierenden Alarmsysteme außer Kraft setzt. Ein Kniff an exakt der richtigen Stelle, und die Lichtschranken waren durchbrochen. Nun wagte er mit der Gespanntheit eines Jungen am ersten Schultag einen Blick auf seine Umgebung.

Er getraute sich kaum, sich dem Glanz, der sich ihm nun bot, zu stellen. Der Raum wurde weit. Der Reichtum, der sich ihm darbot, war Alma, ebenso, wie der süße Zucker Alma für ihn bedeutete. Alma war dieser Glanz.

Da lagen die Steine, Ketten, Ohrringe, Diademe, sorgfältig in Schaukästen verteilt.

Es funkelte und flimmerte aus jeder Ecke. Wie anders konnte man es sich vorstellen, das Paradies? Gleich sah er vor seinem geistigen Auge einen Raum, der aus Zuckerkristallen und karamellisierten Wänden bestand – er schmiegte sich dagegen, wälzte und wand sich in dem süßen Reichtum, und gierig leckte er die Wände.

Mit Jubeln und größter Freude ließ er die Objekte seiner Begierde durch die Finger gleiten, ein Jungbrunnen, der den alten Mann belebte, der den Greis im vertrockneten Körper in den Gefühlszustand eines Fünfzehnjährigen versetzte.

Er spürte, wie die Spitzen der scharfen Steine wohlig auf seiner Haut prickelten. Das Glitzern und Gleißen grub sich süß wie der Zucker in seine Augen.

Doch als er daran gehen wollte, die Beute einzusammeln, da gab es etwas, das sich in ihm verkrampfte; er schaffte es kaum, einen Finger zu heben, denn es war, als sei er zu Kristall erstarrt. Es war, als würde seine Hand, der Kristall, der Zucker brüchig, als krümelten sie sich in Bröseln davon. Allein die Imagination überführte bereits all den Reichtum in seinen Besitz; sie stillte seinen grummenden Magen, seinen Hunger nach der Süßigkeit des Lebens.

Er gab sich einen Ruck; er setzte alles daran, es sich zu nehmen, dieses Leben, das ihm so strahlend hinter der Vitrine zuwinkte.

Aber dieses Winken wurde plötzlich durch eine Erinnerung vernebelt: Immer, wenn sich der Blick seines Gegenübers ihm zugewendet hatte, war dieses Lächeln wie hinter Gittern oder hinter Glas vor ihm versperrt, zum Greifen nahe und doch unerreichbar – ein Kaufladen voller Süßigkeiten, an die für ihn kein Herankommen war; noch nie gewesen. Und doch ihm so nahe. Und immer war das süße Lächeln an andere gerichtet. Darüber, über diesem Mangel, war er gealtert. Vielleicht deshalb waren die überzuckerten Schätze den Träumen in seinem Kopf viel näher gewesen als der Wunsch nach menschlicher Berührung. Als sei in seinem Wunsch nach Liebe, Nähe ein tödliches Gift verborgen, das jeden und alles lähmte, das die Menschen davon abbrachte, sich ihm zu nähern. Allein deshalb hatte er damit begonnen, die Steine, das Geld, und den Zucker weit mehr zu lieben als die Augen und das Lächeln der Menschen – dieser seltsamen und beschränkten Spezies, die ihm im Ganzen noch nie allzu wohlgesonnen war. Er wollte seiner Geliebten all den Zucker in den Mund stopfen. Sie sollte an den Süßigkeiten zu einer ihn Liebenden genesen – oder ersticken. Er wollte sie mit ihrem eigenen Reichtum füttern, einem Reichtum, den man nicht essen konnte.

Die Nahrung, die die Liebe bot, bestand für ihn ausschließlich aus den leeren Kalorien reinen Zuckers sowie aus dem harten, unverdaulich materiellen Wert der Diamanten. Sie ließ ihn in einem Zustand des Mangels zurück; aber das brachte ihn dazu, noch mehr davon zu wollen; süchtig war er nach seiner Idee von Liebe.

Noch bevor er den ersten, entscheidenden Griff tun konnte – die Starre in seinen Händen war so plötzlich wieder gewichen, wie sie gekommen war – da sah der alte Mann sich selbst, als kleinen Jungen, mit einer Gartenschere in der Hand. Die Eltern hatten ihn zum Schneiden der Hecke gezwungen.

Der erste Griff nach den Juwelen war ein kleiner Tod gewesen, ein Herzstillstand, den er nur mühsam überwand. Es dauerte zwei Minuten; eine Ewigkeit für ihn. Den Rest einzusammeln war viel leichter, und so graste er ohne zu zögern die Vitrinen ab.

Er hatte sich kaum von dem Schock des ersten Griffs erholt, da glaubte er, einen scharfen Alarmton zu vernehmen, doch war der Ton nicht echt, und auch diese Unruhe löste sich bald wieder in den ihm gemäßen Gleichmut auf. Es war nur seine Phantasie, die mit ihm durchgegangen war. Dass sich die Juwelen so leicht aus ihren Schaukästen lösen ließen, nahm er für sich als den Beweis für sein Recht, sie zu besitzen.

Nachdem er sie in eine Plastiktüte hatte gleiten lassen, klemmte er sich die unscheinbar getarnten Schätze unter den Arm, und hastig verließ er damit den Ort.

Auf der anderen Straßenseite tauchte jetzt sein Lieblings-Süßwarenladen auf. Schon immer hatte der Laden ihn magisch angezogen, jetzt schien er ihm die Rettung. Der Himmel war noch dunkel, kein Mensch war auf der Straße zu sehen. Also schlich er sich hinüber.

Schnell hatte er mit seinem Dietrich die Türe geöffnet. Über der Juwelenschicht war seine Tüte bald prall gefüllt mit süßen Schätzen, mit Zuckerstangen, Lutschern und mit anderen bunten Kostbarkeiten.

In seiner Küche legte er die Tüte auf der Fensterbank ab, neben Grünlinien und Schefflora. Danach ging etwas sehr Seltsames in ihm vor – vollkommen verschwand der Schatz aus seinem Bewusstsein.

Nun lebte er genauso weiter wie bisher. Er kaufte billige Lebensmittel in Discountern ein. Um halb sechs Uhr stand er auf, um sich einen dünnen Kaffee in einer gesprungenen Ententasse aufzubrühen und um sich einen Toast mit fetter Mettwurst einzuverleiben. Es gab noch eine weitere Veränderung: Süßes verzehrte er in diesem Zeitraum gar nicht mehr: Jedes Stück Zucker wirkte tödlich auf seiner Zunge, und auch an Alma, das lebenslange Ziel seiner Träume, dachte er nicht mehr. Seine Besuche auf der Straße, an dem Ort, wo sie vorüberkam, stellte er ganz ein, ja, er erinnerte sich nicht einmal mehr daran, sie je getätigt zu haben.

Zwei Jahre gingen noch ins Land, bevor er sich wieder auf seine Leidenschaft besann.

Die Rückkehr der Erinnerung war von Rucken und von Erschütterungen der Seele wie des Körpers begleitet. Drei Tage verbrachte er mit Spasmen und Schüttelfrost auf seinem Sofa, blind vor Schmerz, und keines Gedankens fähig. Dann aber, unmerklich, sickerte tröpfchenweise die Erinnerung in sein Gehirn. Als er unter Zeitschriften die eingestaubte Tüte wiederfand, als er die Juwelen durch seine Hände gleiten ließ, da wusste er plötzlich wieder, wer Alma war. Einen Moment lang machte die Erinnerung ihn starr, bevor ihn dann die schlimmsten Spasmen zu schütteln begannen.

Erst nach Tagen war der Anfall vorbei. Sich langsam erholend, war nun sein erster Gedanke die Tüte. Er zitterte vor Gier. Nun griff er sich den ersten Lutscher aus ihr; das Gedenken an seine Geliebte war ihm in diesem Moment ganz nah. Der Lutscher war himmelblau und ähnelte einer Schnecke; er schmeckte nach altem Zucker und nach Staub; sein Verfallsdatum war abgelaufen. Er saugte gierig, mit aus den Höhlen tretenden Augen. Gleich darauf entfernte er die Zellophanhülle von der nächsten Süßigkeit: Ein rosa Zuckerschweinchen mit geringeltem Schwanz. Ein Lutscher, ein Zuckertier nach dem anderen verschwand in seinem Mund. So aß und leckte er sich durch den Berg. Dass ihm dabei schlecht wurde, bemerkte er kaum. Als er den Boden der Tüte erreicht hatte, stieß er auf jene teuren Glitzersteine. Einen einzigen Lutscher verzehrte er nicht, den legte er beiseite.

Ein weiteres halbes Jahr verging, bis er sich darüber klar war, was der ursprüngliche Sinn und Zweck des „Erwerbs" der Steine für ihn gewesen war. Die Verbindung in seinem Gehirn, sie musste sich wieder festigen. Seine Gedanken harrten noch auf Verwirklichung. Aber langsam nahmen seine Pläne wieder Gestalt an.

Die junge Frau von damals war jetzt 55 Jahre alt. Das war egal. Erneut dachte er sehnsuchtsvoll an die Ergötzlichkeit ihres Blicks. Ihr musste er alles vor die Füße werfen. Wie sollte er sie anders gewinnen als mit Süßigkeiten und mit Diamanten? Nun dachte er daran, etwas ihm ganz Fremdes zu tun, etwas Dunkles, aber was, war noch nicht umrissen in seinem Kopf.

Zunächst aber machte er sich mit großem Eifer daran, die Rohdiamanten nach seinem Willen zu verändern. Es war, als ob ihn diese Tätigkeit tief mit der Geliebten verband. Er spannte zwei der schönsten, größten Exemplare in die Schleifmaschine.

Mit Eifer machte er sich jetzt an seine Sache. Sein Gesichtsausdruck war erregt. Es machte ihn schwach. Mit jedem Schleifer kam er seiner Geliebten näher – bis auf die Haut, und darunter. Beim Schleifen rief er sich ihr Haar, ihre Augen wieder ins Gedächtnis, und ihren Glanz – die ganze Vollendung, die er in ihr sah.

Er schliff eine wundervolle, kleine Szene. Alma, die Geschäftsfrau, bei der Arbeit. Ein winziges Büro, mit einer perfekten, bildschönen Frau am Schreibtisch. Von was für einer unglaublichen Aura war sie doch umgeben!

Ein paar Tage später wartete Bruno Perkins wie immer auf seinem Posten darauf, dass seine Angebetete vorüberkam. Einmal blickte er auf den Boden. Da sah er ihr Gesicht. Sie hier im Staub zu sehen – beschmutzt. Er konnte es nicht ertragen. Er hob den Zeitungsausschnitt auf, gierig nach Neuigkeiten über „sie"; er machte sich dabei die Finger schmutzig.

Beim Lesen war es ihm, als stiege er endlose Stufen hinunter. Der Grund für die kurzfristige Veränderung, die nun in ihm vorging, waren gnadenlose Enthüllungen, nein, nicht über das Privatleben, sondern über die geschäftliche Praxis der Geliebten. In dem Artikel stand, dass die Frau skrupellos und ohne Gewissensbisse nur auf ihren eigenen und auf den Vorteil bedacht Handel betrieb. Vorausgesetzt, der Schmierfink dieser schamlosen Zeitung schrieb die Wahrheit.

Die Waffen, die ihre Firma verkaufte, wurden allesamt dazu verwendet, im großen Stil in einer bestimmten Region Zentralamerikas Völkermord zu begehen. Die US-amerikanische Regierung schien ebenfalls beteiligt.

Nachdem er realisiert hatte, was da stand, wurde ihr Bild in seinem Kopf neblig; er hatte sie im dunklen Spiegel ihrer Seele gesehen, schmutzig und grau. Er warf das Bild zurück auf den Boden.

Doch Brunos Erkenntnis konnte sich unmöglich dauerhaft einnisten in seiner liebenden Seele. Er vertrieb sie, indem er noch mehr Diamanten schliff. Er schliff sie zurecht – und machte sie wieder so perfekt, wie sie für ihn sein Leben lang gewesen war. Und wieder standen Licht und Farben der Folienmischung, die er im Geiste seiner Geliebten gab, ihr vorzüglich.

Er mochte sie jetzt selbst für ihren dunklen, skrupellosen Zug.

Ein paar weitere Jahre gingen ins Land. In der Tat nahm er kaum wahr, wie die Zeit verging. Die Luft war stickig für sie wie für ihn; ein merkwürdiger Zustand der Windstille umgab das Leben des Mannes, und auch das der Frau, die er vergötterte. Dies hielt der Mann nicht aus. Zum ersten Mal wollte er ausbrechen, wollte er sich befreien. Dieses Bedürfnis wurde stärker; nach einigen Tagen zerriss es fast seine Schädeldecke.

Er wusste, das Mädchen war heute, wie jeden Sonntag, mit seinen Eltern auf einem langen Ausflug unterwegs. Und etwas zog ihn jetzt magisch zu der Wohnung des Kindes. Dort, in der Nähe des Fensters, befand sich die Barbie-Puppenstube. Er kletterte hinein. So leise es ging näherte er sich der Puppe mit den smaragdgrünen Augen. Warum? Hatte er doch seit Jahren seine eigene Barbie-Puppe in der Tasche. Er wusste selber nicht, weshalb, aber diese andere hier – er hatte sie häufig in der Gegenwart des Kindes gesehen – zog ihn magisch an. Jetzt konnte er dem Zauber nicht widerstehen. Als er sie dann endlich in der Hand hielt, da wurde die Luft um ihn herum weich. Bevor die Wut kam, wurde es dunkel.

Er erwachte aus seiner Trance, sah, wie die Puppe zerstört am Boden lag…

Seit ihrer Schulfreundin Clara war Alma offensichtlich von niemandem mehr wirklich zu beeindrucken gewesen. Vielleicht war es ihre unterkühlte Umgebung, die bei ihr kein Liebesgefühl mehr aufkommen ließ. Die Männer, die vor ihr immer noch Schlange standen, langweilten sie samt und sonders. Umso mehr aber waren die ihr verfallen. Die Blicke glitten an den silbergrauen feinen Haarfäden entlang, und lenkten die Aufmerksamkeit in elektrisierender Weise auf ihre Brüste, auf ihren Körper. Fast niemand konnte sich entziehen – trotz ihres schon so fortgeschrittenen Alters.

Doch auch für ihre Cleverness war sie berühmt.

Etwas wie einen Sinn des Lebens verspürte sie allerdings nur durch ihre Arbeit. Wenn sie Geschäfte in die Wege leitete, wenn sie, einzig aus der Intention heraus, einen fetten Brocken an Land zu ziehen, Beziehungen knüpfte, wenn sie geschickt die einträglichen Goldfäden um sich herum webte, oder wenn sie kühl abschätzte, wie in einer heiklen geschäftlichen Angelegenheit am besten vorzugehen sei, dann verbreitete sie ihre Energie, die Engelsfäden ähnelte, die aber eine ausschließlich materielle Energieform darstellte. Die vielen Affären zu Männern und Frauen hingegen bedeuteten ihr wenig.

Ihre Arbeit aber war noch aus einem anderen Grunde von Vorteil: Sie versetzte sie in die Lage, auf ihren geliebten Zucker zu verzichten. Der Drang, Süßes in Massen zu konsumieren, ereilte sie nur in den wenigen Stunden an freier Zeit. Es kam allerdings vor, dass sie diese ausschließlich mit dem Konsum von Zucker verbrachte. Goldfäden aus Zuckerwatte verschwanden massenhaft in ihrem Mund. Das war die eine Sache, die sie mit Bruno gemeinsam hatte.

Sie hatte es geschafft, ihre Leidenschaft vor der Öffentlichkeit zu verbergen – nur heimlich, aber dann mit großer Beharrlichkeit, nahm sie die süßen Früchte zu sich, so gut versteckte sie ihre geliebte Sammlung an Zuckerkunstwerken.

Einmal kam für Alma O'Higgens der Tag. Immer legte sie dieselben fünfhundert Meter von ihrem Apartment zur Arbeit in ihrer Limousine zurück, in Begleitung ihres Chauffeurs, ohne jemals von ihrem Wege abzuweichen, ohne sich auch nur umzusehen; vor, bei und nach ihrer Arbeit hatte sie immer diesen Routineblick, es sei denn, dass sie jemanden becircte. Nun aber war das unvorhergesehene Ereignis eingetreten, in dem Moment, als sie die Order erteilte: Walter, halten Sie den Wagen an! Der Grund war, dass jemand durch einen halben Blick, durch etwas Verächtlichkeit, durch ein freches Unberührtsein von ihrer Berühmtheit ihr Interesse weckte.

Es war eine Frau von auffällig dunklem Teint. Offensichtlich stammte sie aus ärmlichen Verhältnissen, vielleicht eine Arbeiterin in der nahegelegenen Fahrradlampenfabrik. Blitzende Augen, trotziger Mund, ein übergroßer dunkler Leberfleck über dem Auge; sie sprang von einem Mäuerchen und lachte aus unerfindlichen Gründen still in sich hinein. Eine Peperoni schwenkte sie in der Hand, wohl der letzte Rest eines Snacks, den sie soeben verspeist hatte. Als sie Almas Blick bemerkte, blieb sie überrascht stehen. Nach einiger Überlegung ging sie auf Alma zu. Alma konnte nicht anders, sie musste die Frucht, die die andere ihr jetzt hinhielt, mit den Lippen berühren. Umwerfend war ihre Schärfe. Scharf gegen süß, und scharf gewann. Nur den Bruchteil einer Sekunde dauerte die Begegnung, dann zog die Frau die Peperoni zurück. Sie riss sich von Almas Blicken los, und war gleich darauf in einem Hinterhof verschwunden, singend und den Rest des scharfen Gemüses verspeisend. Das moosige Mäuerchen blieb als Zeuge der seltsamen Begegnung zurück; die schmuddeligen Höfe erstarrten wieder in Leere.

Es kostete Alma viel Anstrengung, um wieder den gewohnten Weg, und damit das routinierte Leben, aufzunehmen. Und dieses Leben knirschte jetzt in den Angeln. Gleichzeitig fühlte sie sich durch die Begegnung erquickt. Das Brennen in ihrer Kehle, es war ihr geblieben, der Gedanke an die Begebenheit reizte sie zum Lachen. Vorher fast tote, stillgelegte Regionen ihrer Erinnerung wurden plötzlich stimuliert, und ungeahnte Funken spukten durch ihr Gehirn. Lärmkulisse, Farben, Schwelgen, der Karneval, das Licht. Das wüste Lachen, die Freiheit, und sie, ganz unten damals: Eine Königin war sie gewesen. Damals, als sie arm gewesen war. Dann aber war sie sich wieder bewusst, was ihr Leben jetzt war: Der „Ernst des Lebens", die Karriere, die Anpassung, der Alltag. Die Zuckersucht und ihre Affären als einzige Möglichkeit, dem zu entfliehen.

Aber etwas war dennoch passiert. Das Mädchen, das sie getroffen hatte, war dem Mädchen von damals, das sie selber gewesen war, begegnet.

Die Geschäftsfrau träumte jede Nacht davon, das Mädchen auf dem moosigen Mäuerchen wieder zu sehen. Vielleicht würde sie sie auf einen Kaffee einladen. Vielleicht würde sie ihr, so sie es denn wollte, ein Studium finanzieren. Sie selber, Alma, hatte damals ja auch Musik studieren wollen. Vielleicht würden sie wieder gemeinsam den Karneval besuchen. Ihr eigenes Leben würde dann wieder einen Sinn bekommen. Sie rekapitulierte ihre momentane Situation. Doch sie brach den Gedanken an die Machenschaften, die sie in letzter Zeit getätigt hatte, ab. Wie unangenehm war ihr das in diesem Moment….

Hier wechselte ihr Nachsinnen abrupt zu jenem Mann, der vielleicht nicht zufällig jeden Tag auf ihrem Weg auf sie gelauert hatte, und eine fröstelige Unruhe nahm von ihr Besitz. Wie ein Kreisel näherte sich ihr Denken ungewollt immer wieder ihm als Mitte, bevor es, abgestoßen, zur der südamerikanisch aussehenden Pepperonifrau hinüber schlingerte. Und es reuten sie die Geschäfte, bei denen in Südamerika Arbeiterinnen, die für einen Hungerlohn schufteten, mit Pflanzenschutzmitteln vergiftet wurden. Als hätten seine und ihre Blicke Angeln ausgeworfen, die jetzt immer noch eingehakt blieben. Was war nur mit der coolen Geschäftsfrau los, nach 30 Jahren ereignisloser Zeit?

Wie viel Zeit überhaupt vergangen war? Bruno Perkins war sich darüber nicht im Klaren. Er musste noch aus dem Haus des Mädchens fortgegangen sein. Eine Erinnerung dämmerte in ihm auf: Er hatte die Familie kommen hören. Er hatte sich durch die Hintertüre geschlichen. Vorher hatte er sich noch die Zeit genommen, all seine in einer Sainsbury's Tüte mitgebrachten Übungssteine aus Glas, in die jetzt wunderbare Muster geritzt waren, hier zu verteilen. Die echten bearbeiteten Juwelen hatte er sich vorsorglich behalten. Die waren nicht für das Mädchen…
Das Weinen des Kindes wegen ihrer zerstörten Lieblings-Barbiepuppe klang ihm in den Ohren, als er floh.

Noch immer in Trance, hatte er sich auf den Heimweg gemacht. Zwar wusste er, dass er Sarah niemals etwas antun würde. Aber fast traute er sich jetzt nicht mehr über den Weg.
Und nun begann wieder eine Phase, in der Bruno nicht wusste, was er tat. Schlimme Anfälle ließen ihn darniederliegen – oder tage- und nächtelang ruhelos umherwandern. Wochen und Monate lang schwitzte er sich nächtens den Rücken nass. Er wusste nicht mehr, wo er war. Lange blieb er im Bett, während er im Geist wie ein Ge-

spenst spazieren ging, Alpträume durchlebte, Qualen ausstand.

Schließlich ging es ihm besser, und er raffte alle verbliebene Kraft zusammen. Nach einiger Überlegung nahm er die Tüte mit den Süßigkeiten und mit den echten Steinen, klemmte sie unter den Arm, brach auf.

Er wusste, dass es mit dem Weg zu Almas Haus kein Zurück mehr gab. Aber etwas beflügelte ihn, und kurz darauf fand er sich in der Tür der Geliebten wieder. Er betrachtete sich dort flüchtig in dem trüben, patinabehafteten Spiegel, der an der Wohnungstüre jeden Besucher auf der Schwelle auf sich selber zurückwarf: Sein alterndes Gesicht hatte ein bemoostes Aussehen angenommen. Er nahm jetzt alle seine Kraft zusammen und betätigte die Klingel.

Sie öffnete, er wollte lächeln, aber darin war er nicht geübt. Einen guten Eindruck machte er ohnehin nicht, wie er schwitzend sich selber in dem gleißend hellen Spiegel reflektierte, sondern er wirkte vielmehr wie jemand, der gerade einer Kellergruft entstiegen war.

In Almas Gesicht lag alles andere als ein Lächeln. Ausgerechnet heute war ihr Bodyguard nicht da. Sie war wütend auf sich selbst. Warum nur hatte sie geöffnet? Was wollte er hier?

D I E S E R   M A N N. Sie war entsetzt über ihn und seine Hartnäckigkeit.

Nun aber löste sich die Versteinerung von Bruno. Er blickte auf ihren zuckrigen Mund, dann gab er ihr langsam, und eine groteske Bedeutsamkeit umspielte dabei seine Züge, den Lutscher in die Hand, den letzten, den er sich aufbewahrt hatte. Nur für sie. Sie nahm die Süßigkeit, aber sie lachte dabei so kalt, dass die Kristalle ihrer Ohrringe klirrten. Da wurde der Raum für ihn zum zuckergussgedeckten Leichenhaus, und sie zur schönen Hexe.

Der Ausdruck ihrer Augen wurde noch leerer; in ihnen lag fragender Protest. Er glaubte dennoch, eine gewisse Bewegtheit in ihrem Blick zu erkennen. Eine Täuschung?! Langsam öffnete sich seine grobe, behaarte Hand, die Tüte fiel zu Boden, Steine und Geschmeide rollten heraus. Er erwachte aus seiner Erstarrung, hob die Brauen, wie, um ihr zu signalisieren, dass sie sich den Inhalt der Tüte nehmen könne – dass er für niemand anderen bestimmt sei als für sie.

Sie sah ihn an auf eine Art, die ihm den Eindruck vermittelte, als würde sie ihn kennen. Dann hatte sie ihn also wahrgenommen, als er an der Straße saß, um auf sie zu warten?

Beinahe erfüllte ihn das mit Heiterkeit. Und er war sehr bewegt. Die Tür, sie strahlte noch in dem nämlichen marmorierten Moosgrün zurück. Ohne auf ihre Aufforderung zu warten, trat er ein, seine Augen streiften Spiegel, Putten und Stuck. Schnell ging sie an ihm vorüber nach draußen, auf den Flur. Er blickte sehnsüchtig hinter ihr her. Und gierig. Sie hob die Tüte vom Boden, sammelte die Steine, hielt, fast zitternd, einen mit gleißenden Brillanten verzierten Ohrring zwischen den Fingern. Sie wühlte weiter; fand ein Diadem. Sie steckte es sich ins Haar. Ihre Augen glühten, sie erwiderte erstmals flüchtig den Blick des Mannes, der ihr den Inhalt dieser Tüte auf so großzügige Weise schenken würde. Was war der Preis? Dann sah sie auf den Lutscher. Sie hielt inne, lachte. Er wollte ihr all das geben, was sie sich im Leben am meisten wünschte. Hin und hergerissen war sie zwischen ihrer plötzlich aufgestiegenen Gier nach den Steinen und der Notwendigkeit, sich mit dem Mann zu beschäftigen. Dazu verspürte sie nun nicht die geringste Lust. Ja, manchmal hatte sie von ihm geträumt, von seinen irren Augen. Das war wahr. Ihre früheren, meist entsetzten Gedanken an ihn schob sie jetzt allesamt weit weg.

Als sie die Tüte an sich drückte, fühlte sich Bruno mit einem Mal ganz nackt.

Etwas legte sich wie Scheiben vor sein Gehirn. Das einzige, was er noch tun konnte (und dies würde sich in der Tat als wirksam erweisen), war, sich in ihr Herz zu schneiden, in ihre Augen, in diese zwei Orte, auf die sich sein Verlangen konzentrierte.

Sein Herz und seine Augen fand er in ihren wieder. Er würde sie läutern. Das war die einzig wirksame Medizin. Er erschauderte vor seinem eigenen Mut, vor seinen Ideen. Sie an sich zu drücken. Er sah es an ihrem Blick, sie erkannte sein Gesicht; aber die Entfernung zwischen ihnen ließ ihn verzweifeln.

Die Sonne war heraufgezogen und sandte milchig trüb ihre Strahlen herein. Sie traf ihn über den Ohren, beschien seine Wangen und seinen Traum. Es war ein schmutziger Traum, das erkannte er jetzt ganz deutlich. Die befleckte Zuckerschicht über seinen Gedanken war verkrustet; sie schmeckte saccharinsüß und schal. Und salzig vom Weinen. Er hatte überall Schlieren, sein Traum, das sah man deutlich im Sonnenlicht. Hätte Bruno nur nicht soviel Zeit damit verbracht, ihn zu träumen. Jetzt schämte er sich. Sein Haus, seine Wohnung, sein Körper stank und verfaulte. Sein Schiff sank. Seine Knie begannen zu zittern. In dem Moment, als er dies fühlte, kam seine Liebe zurück, gleißend wie das Licht der Steine.

Trotz ihres Protestes verfolgte er die Angebetete in ihr Zimmer, und so fand er sich plötzlich in dem ihr höchst eigenen Raum wieder, dessen mit Zuckerkunstwerken geschmückte Wände ihren Geschmack bewiesen. Ihm war klar: Er und sie gehörten zusammen. Der schmuddelige Mann phantasierte sie voller Süßigkeit, ihm zugewandt. Er blickte an sich herunter, und sah auf einmal ungeheuer große Ameisen seinen Arm hinauflaufen; er spürte sie bald an seinem Hals, an seinen Wangen, auf denen seine Tränen so etwas wie Zuckerspuren hinterließen, sie sandten ihre klebrigen Reihen über die Stuhlkanten, und auf die Süßigkeiten. Bald liefen sie auch an seiner Angebeteten hoch. Almas porzellanenes Reich war brüchig geworden.

Die Angebetete kauerte sich indes auf einen Stuhl und zog die Augenbrauen hoch. Als er dann einen zweiten Blick auf sie warf, da waren die roten Riesenameisen von ihrem Hals und Gesicht verschwunden. Unwillkürlich kam ein Lächeln auf ihre Lippen.

Ihren Blick auffangend, nahm sein Empfinden seltsame Schattierungen an. Es wurde gescheckt wie eine Elster, weiß vor Freude, mit schwarzen Löchern wegen des nahe bevorstehenden Verlustes, angesichts der Erfüllung seines Lebenstraumes. Lautlos bewegte er sich auf sie zu.

Er ließ sie nicht soweit kommen, etwas zu sagen.

Die Liebe. Sie hatte keinen Platz in dieser fehlerhaften Wirklichkeit. Oder doch?

Er kam näher. All die Jahre, die er gewartet hatte, lösten sich mit einem Schlag in ein unendliches Wohlgefühl.

Auch in Alma ging eine Veränderung vor, und das war ihr selber unerklärlich. Die Gier nach den Steinen, die Freude über ihren Besitz begannen unwichtig zu werden. Stattdessen fühlte sie sich von einer merkwürdigen Zärtlichkeit durchdrungen. Die Besessenheit des Mannes kroch wie liebevolle kleine Käfer an ihr hoch. Es prickelte enervierend auf ihrer Haut. Der Mann war keinesfalls ihr Typ. Es schauderte sie vor ihm. Und doch…. Die Tüte fiel zu Boden und sie umarmte seine zitternden Schultern…..

Sie lagen auf dem Küchenfußboden. Sie hauchte Lutscherküsse in seinen Mund. Er fuhr sein altes Teil heraus; es war zuckrig und rosa.

Bruno schwebte in einer unwirklichen Welt. Um ihn wurde es dunkel, erdig, dann ganz schwarz. Nebel tat sich vor ihm auf, rußige Kleinteilchen flogen ihm ins Gesicht, saugnapfbehaftete Krakenarme streckten sich nach ihm aus. Sein dunkler Schatten näherte sich rücklings der Frau. Ein gedungener Mörder, hinter Edelsteinen her. Qualm umgab ihn, eine unglaubliche Gier, die rauchte ihm schon aus den Ohren, seine Augen glommen wie kalte, hochkarätige Juwelen. Schwarze Löcher, Saugnäpfe, die alles assimilierten. Ein Monster, das sich, schillernd, manchmal in einen Falken verwandelte. Das zu zwei jungen Frauen namens Paula und Doreen herüberzog. Sie kopfschütteln machte. Nein, bloß ein gieriger Mann, der hungriger als hungrig war nach Liebe und nach Leben. Er schaute zu ihnen, zu seinem Publikum.

Der Mörder kam just in dem Moment, als Brunos Lebenstraum in Erfüllung ging. Eingehüllt in Schwarz, übernahm er jetzt Brunos Stelle. Gleichzeitig riss er seine Leidenschaft aus einer Wand – eine Leidenschaft, die nur auf Diamanten gerichtet war. Aus seiner Liebessehnsucht wurde die Gier geboren…

Erst schlug der Mörder Bruno über den Rücken mit einem gezielten Schlag k.o., dann legte er seine Krakenarme um ihn. Bald ließ er wieder ab. Die Frau in seiner Umgebung, eine alternde Schönheit, die um ihr Leben bangte, sie schien ihn weit mehr zu fesseln. Er stapfte auf sie zu wie ein Taucher. Mit einem seidenen Tuch näherte er sich Almas Hals. Mit kaum wahrnehmbarer Verachtung blickte das Ungeheuer auf den bewusstlosen Mann, auf die halbtote Frau. Es sah beide an, als ob sie seine Innenansichten wären. Bruno blickte zurück- und sah sich selbst.

Almas smaragdgrüne Augen wurden heller. Der schwarze Schatten kam näher. Die strahlende Maisonne erreichte jetzt ihr Gesicht.

Sie würden Bruno finden. Nichts hielt ihn mehr zurück; ein Gedanke ergriff von ihm Besitz. Der Mörder hatte sein eigenes Gesicht. Bruno zitterte. Er zog die Schultern hoch, saß erstarrt. Stundenlang, bis sein Kopf vor Erschöpfung nach vorne fiel und er augenblicklich einschlief.

Beim Aufwachen wusste der alte Mann nicht mehr, wie lange er so gelegen hatte – die Tote im Arm. Schmerzen trickelten seinen Nacken hinunter. Lange, lange spürte er nichts anderes mehr als diese Pein, die ihn blind machte und stumm.

Als es nachließ, wechselten sich Trauer und Befriedigung in seinem Kopf in schneller Folge ab. Vergessen waren die Selbstbeschuldigungen. Dass Alma sich ihm zugewendet hatte!

Da sah er sie liegen. Er seufzte, kroch näher an sie heran. Sie war kalt. Er schwamm auf einer Welle der Freude und Geilheit dahin. Deswegen, weil sie noch da war.

Später war alles anders. Er musste sich der Erkenntnis stellen. Sie lebte nicht mehr. Er schritt im Zimmer umher, ein besiegtes Raubtier. Ein alter, räudiger Jaguar, der mit seinem Opfer sich selber tot gebissen hatte.

Er wollte sich ihr nähern. Aber die schroffe, kalte Fremdheit, die die Toten von den Lebenden trennt, an ihr zu spüren war schlimm. Er wollte das süße Zuckergesicht auf seinen Wangen fühlen. Aber ihr Gesicht war ja zum Schaudern kalt!

Da setzte sich eine Idee in seinem Kopf fest: Wenn er die Juwelen in dem Zimmer verteilte, dann würden sie vielleicht ein Lockmittel sein, um ihre Seele wiederzugewinnen. Verbissen machte er sich ans Werk. Zwischendurch fiel ihm ein, dass er das bereits im Zimmer des Mädchens geübt hatte. Und wieder ließ ihn diese Erkenntnis erschrecken. Als er fertig war, zog ihn etwas unwiderstehlich zu ihr herüber. Besonders ihre Augen trieben ihn in einen Sog.

Er trennte sich höchst ungern von ihnen, und etwas, eine winzige Kleinigkeit nur, wollte er ihr doch lassen. Aber mitnehmen wollte er auch etwas von ihr. Schließlich nahm er einen Erdbeerjoghurt aus dem Kühlschrank. Das Haltbarkeitsdatum war abgelaufen – schon seit zweieinhalb Wochen. Er erlag nicht der Versuchung, ihn trotzdem zu essen, sondern er leerte seinen Inhalt in die Spüle. Nun wurde die Eingebung, was mit ihren Augen zu tun sei, langsam in seinem Kopf ganz dicht: Sie mussten in Kunstharz eingegossen werden. In einem Spielwarenladen konnte er sich alle dazu nötigen Utensilien besorgen. Er würde die Augen in ein viereckiges Gefäß legen und es mit der harzenen Flüssigkeit füllen. So würde er immer die Erinnerung an diese Frau genießen – und all das Essenzielle an ihr.

Er setzte sich an den Küchentisch, versenkte sich wieder in seine Idee. Gerade wollte er mit dem Löffel ansetzen, um die Augen aus den Höhlen zu holen. Da hielt er inne. Er fühlte sich mit einem Mal traurig und leer. So leer wie das Gesicht ohne Augen.

Er näherte sich ihr, strich ihr noch einmal über Augenbrauen, Wimpern, Lider. Wie Austern sahen ihre Sehwerkzeuge jetzt aus. Er musste die Schale öffnen. Mit dem kalten Löffel berührte er die Ränder der Lider.

Just, als er ansetzte, ihre grünen Sterne aus den Höhlen zu hebeln, da schlug sie die Augen auf, sah ihn an, und ihre Wimpern begannen zu zittern.

Beinahe hätte er trotzdem seine Tat vollbracht. Dann aber warf ihn etwas in einen Nebel von Gefühlen. Etwas in seinem Innern wurde erst trocken, dann hart, dann wieder weich, und etwas in seinem

Kopf fing an zu jubeln. Verschwunden war seine Bitterkeit, sein Hass. Der Zauber würde kommen. Wilde Berg- und Talfahrten wirbelten durch seinen Körper. Das war wie eine süße Zuckerinfusion. „Komm", sagte er zu ihr, „wir gehen nach Hause." Und nahm die Barbiepuppe in seiner Hosentasche mit.

Seit diesem Tag war Bruno Perkins nicht mehr ansprechbar. Immerzu murmelte er in sich hinein. Er sprach mit dem Mordopfer, mit der toten Frau. Alma O' Higgens. Er blickte ihr in die Augen. Tag und Nacht.

Die Puppe, die er ständig in seiner zerschlissenen Tasche bei sich trug, die schien er jetzt für Alma zu halten, und er verhätschelte sie Stunde um Stunde- in seinem Zimmer in der Nervenklinik, das er nicht mehr verlassen durfte.

Paula wacht auf. Sie hat ihre Position in der Geschichte nicht mehr finden können. Die arme Frau. Und der Mörder? Sie legt ihre Hand in die der Kommissarin. Lässt die Gedanken schweifen. Bis sie abschweift. Sie nimmt den Landwehrkanal in den Blick, an dessen Ufer sie jetzt sitzen.

Sein Wasser fließt zwischen Ost und West. Viel Wasser ist hier schon vorbeigerauscht, da war das Gewässer noch ein Ort zwischen zwei sich misstrauisch beäugenden Seiten. Eine Grenzscheide, eine Linie, die versteckte Sehnsüchte, Projektionen und Bilder evozierte. Die kann man manchmal im Wasser des Landwehrkanales treiben sehen. Berlins Vergangenheit zieht immer noch Spuren, und manchmal straucheln die Menschen, die sich erinnern, und manchmal holpert es in ihren Gedanken.

Im Frühling ist das Ufer des Kanals von zartem Grün bedeckt. Viele Kippen und Papierchen finden sich am Boden, während der Kanal im milden Winter nur vereinzelten, unbeirrbaren Joggern gehört. Paula fokussiert wieder den Fall.

Da ist das blaue Taschentuch, von dem sie weiß, dass es auf Ina als Hauptverdächtige verweist. Die blauen Scherben, die überall am Tatort gefunden wurden. Thea hat sie Paula mitgebracht. Und sie erklärt ihr, wie die Tat ihrer Meinung nach geschah. Und auch, was sie erfuhr, und was es ihr ermöglichte, die Täterin zu überführen.
Die Kommissarin klopft an Inas Tür. Die Wohnung ist elfenbeinfarben und voll teurem Tand. Thea stellt sich ihr vor als alte Freundin von Doreen. Zum ersten Mal wird sie nun als verdeckte Ermittlerin tätig. Ina und Thea sitzen sich an einem silbernen Tisch gegenüber. Ina wirkt ein wenig leutseliger als sonst, die Kommissarin, die sich nicht als solche zu erkennen gibt, schmeichelt ihrer Eitelkeit. Sie essen schwarz-weiß-rote Kirschkuchen von edlem Porzellangeschirr. Es ist, als spielten sie Schach. Thea erzählt ihre Liebesgeschichte. Macht Ina damit gesprächig. Und mit Likör. Schließlich beginnt auch Ina zu erzählen.

Inas Bericht
„Doreen gefiel mir am Anfang sehr gut. Aber etwas an der Frau ist spukschlossartig, das habe ich erst zu spät bemerkt. Dumpf ist sie und depressiv, sie gibt sich zu sehr auf, langweilig ist sie und öde, sie hält einen in ihrer Enge gefangen.
Irgendwann hatte ich Doreen dort, wo ich sie haben wollte, am Ende ihrer Kräfte. Wir hatten uns schon vierzehn Tage nicht gesehen. Sie dachte eben, sich zurückziehen zu müssen." (Sie lacht.)
„So dass ich praktisch vierzehn Tage lang ohne meinen Schatten war. Da habe ich sie aufgesucht. Man kann doch nicht erwarten,

dass jemand so lange ohne seinen Schatten bleibt" (ihr Lachen bricht ab).

Ina ist jetzt mit der Kommissarin per du.

„Also, ich erzähl's dir im Vertrauen, Doreen scheint sich keineswegs über meinen Besuch zu freuen. Sie will mich herausfordern, ich sehe das an ihrem Blick. Spöttisch schaut sie mich an, das Schachspiel steht bereit. Dann macht sich Langsamkeit breit, und alles wird schwer. Wir denken, setzen gegeneinander. Taxieren. Nur selten macht eine von uns einen Zug. Über uns, die Luft, brütet mit. Dann aber gerate ich in eine Falle, und etwas rast an mich heran.

Mit einem Schleudern ihrer Handgelenke hebt Doreen den ersten Bauern vom Brett, sie lockt mich, während sie ihn Felder weiter schmettert. Ins Aus. Ich ziehe gegen. Ihr Springer kommt heran. Sie fegt mir triumphierend meinen Turm vom Brett. Grob spricht der Hass aus ihren Augen. Sie baut sich auf, lässt meinen König nicht mehr gehen. Ich weiß, sie möchte meine Königin umarmen. Ich bin dabei zu siegen. Oder nicht? Damit ich meinen Schatten nicht verliere. Mit wildem Spott bedroht sie meinen König. Das alles geschieht unendlich langsam. Der Springer ist abgeschlagen, zu weit weg. Hat sie mir heimlich die Figuren verstellt? Nur meine Augen hat sie wahrscheinlich gesehen. Dabei war ich ja die gewesen, die ihr nachgestellt hat."

„Doreen hat Ina entmachtet", grübelt die Kommissarin vor sich hin, die der Beschreibung Inas folgt.

„Entweder sie oder ich war es", fährt Ina fort, „die schließlich die Nerven verlor – denn alles hing an einem Faden.

Doreen. Sie stößt gegen das Spielbrett, vorsätzlich, sie zieht die Tischdecke weg, und die Figuren fallen um- bedeutet mir, dass es jetzt Zeit sei, zu gehen. Nur etwas erkenne ich an ihrem Blick, das hieran Zweifel weckt. Ihr spöttisches Auge spielt Schach mit meinem Stolz. Sie lotet aus. Vertreibt mich. Mich, die sich noch niemals hat vertreiben lassen. Ich winde mich. Ich streiche mit dem Finger meine Seidenstrümpfe glatt. Um die Partie am Ende doch noch zu gewinnen." „Jeder hat das Recht, so zu leben, wie er es gern hat", fällt ihr die Kommissarin ins Wort. „Mit seinen Erinnerungen, und wenn es so sein soll, ohne den anderen. Wenn der dich nicht will. Da braucht man niemand in die Knie zu zwingen." „Sie hat zuerst begonnen, mich zu hassen, sie zuerst mich." „Und das aus gutem Grund", sagt Thea leise. Sie setzt den Bauern vor, und – matt!

Und was geschieht in diesem Land?
Häuser werden enteignet und den Besitzern von anno dazumal überschrieben. Hass verbreitet sich, und Liebe, die Unsichtbare, zieht sich über dem in den Köpfen vereinigten und noch geteilten Land zurück. Und dabei war die Liebe, als Hoffnung, doch überall präsent gewesen. In den frischen Blicken, in den Zigarettenkippen, und im Spiel des Saxophons.

Ina.
„Die Spannung des Spiels ist nicht vorbei. Sie weist mir die Tür. Und da verliere ich die Contenance. Auf einmal sehe ich dann nur noch Bläue. Die Vase dort im Flur (ja so ein kitschiges Ding!), ich hebe sie über meinen Kopf, während die Spannung des Spiels sich jetzt in mir entlädt.
Da prallen sie aufeinander und zwar mit Wucht, die Erkenntnis, dass ich ohne meinen mooshaften Schatten nicht sein kann, und dieses dumme Gefühl, sie irgendwie zu mögen. Genau in diesem Moment gießt die knallblaue Vase ihr einen Schwall über den Kopf

– ein schönes Bild, wie Blumen und Brackwasser auf sie nieder flie-
ßen. Jetzt ist sie vor Erstaunen pudelnass, und eine wilde Befriedi-
gung macht sich in mir Luft.

Doreen

Endlich habe ich meine Verachtung für dich entdeckt. Aber du
scheinst das nicht zu ertragen. Du tust nichts, du starrst mich nur
an, deine Augen sind trüb, azurblau in ihrer Trübnis, und kalt. Ich
starre auf die zerbrochene Vase, ich starre auf die gipserne Figur, als
wäre sie ein Teil von dir.

„Ich hatte dich so gern", sagst du, und deine letzten Worte schwap-
pen zu mir herüber mit deinem allertiefsten Blick. Dann ebben sie
ab. Ich bin nass.

Und trotzdem schreibst du dich in meinen Kopf, in Mustern, die sich
im Lauf der Zeit verändern, die heller werden, zu einer Spirale gekop-
pelt, und schon beim bloßen Gedanken an dich zieht's mich gleich
wieder ins vermeintliche Glück. Ich schüttle meine nassen Haare. Ob
ich dich liebe? Silberhauch. Bin ich zu Paula geworden? Die an dir
hängt mit Zähigkeit, mit sehnsüchtiger, süßlicher Gier. Verdammt. Ich
bin nicht sie. Die mich so wütend macht mit ihrer klammerigen Gier.
Ein wackeliges Glück, das sich schnell wieder wandelt. …

Erst sind wir überrascht, dann gehen wir aufeinander los.
Wir ringen, beißen uns fest, immer stärker wird die Fluchtwut nach
vorne, wir umklammern, kneifen uns, wir reißen uns an Haarspit-
zen, Zähnen. Und sie bemerkt in meinen Augen trotzdem wieder
den Absinth, die Abwesenheit, und ich bemerke wieder die Abwe-
senheit meines Schattens, die mich rasend macht – nein, vorge-
täuschte Hingabe! Noch viel schlimmer!

Ich sehe mich um, ich hole die Büste aus dem Flur, und halte sie hoch. Sie schaut mich an mit einem Übermaß an Überraschung, ich strecke beide Arme aus, bis sie schmerzen, wegen der Vase, ein dumpfer Schlag, ich atme, es klirrt, die Arme der Statue bröckeln ein weiteres Mal, ein Auge und die Brüste brechen weg. Gipsbrokken bestücken den stäubchenfreien Flur. Die Figur ist demoliert, das starre Bild von ihrer Schönheit zerstört, ich krieche darunter hervor. Meine eigenen Scherben sammle ich wieder ein. Doreen ist tot, ich lebe! Doreen ist tot, es lebe Doreen!"

Ina. Später.
„Ich soll Doreen ermordet haben?
Ich habe es nicht bemerkt – es war die Kommissarin, die an meine Tür geklopft hat. Mich getäuscht! Es waren Verbindlichkeiten, die sie vorgetäuscht hat. So hat sie sich bei mir beliebt gemacht. Wo ich weiß, wer sie ist, fühle ich mich von ihr verfolgt. Da ist auch diese Wand in ihrem Gesicht...
Sie spielt mit mir Katz und Maus. Sie spielt mit mir Schach, als wir schwarz-weiß-rote Kirschkuchen essen. Und so entkomme ich ihr. Mein König bleibt stehen. Er starrt stumpf nach vorne. Er ist nicht matt – er lebt.
Was mich am meisten rasend macht an diesem Gemenge ist mein eigener Anteil an zerstoßener Schuld. Wieso ich? Ich setze mein saccharinsüßes Lächeln auf, - bewege mich nach diesem gewaltigen Hieb nicht mehr voran. Um mich zu beruhigen, schaue ich an meinem wohlgeformten Unterarm herunter. Wie schön ich bin. Noch niemals habe ich auf diese Art die Contenance verloren.
Bruchstücke von Wissen flattern in meinen Kopf; ich staune, frage mich, wo sie denn hergekommen sind. Ich kann nicht verlieren. Ich

kann Doreen nicht verlieren. Bin ich eine, die viel verloren hat in ihrem Leben? In jedem Fall, zuzugeben, dass ich dich als Schatten brauche, fällt mir schwer."

Sie setzt sich in Szene als armes, missverstandenes Mädchen. Aber die Kommissarin hat sie längst gefangen, mit Blicken, Fingerabdrücken, Beweisen.

Die Kommissarin knotet die Enden der Spuren zusammen. Sie zurrt ein Bündel über Ina fest. Das Netz zieht sich zu. Noch immer, während ihrer Verhaftung, denkt Ina an den Mord an Doreen. Sie spricht mit ihr, sie möchte sie nicht gehen lassen. Verachtet sie. Will sie behalten.

In Franzis leerer Altbauwohnung.

Franzi sitzt vor der leblosen Doreen, traurig, und gleichzeitig mit einer gewaltigen Wut im Bauch. Die andern sind fort, es ist Abend, und Franzi packt das Saxophon aus seiner schlangengemusterten Hülle, betrachtet es liebevoll, wie einen alten Freund. Sie will Doreen ein letztes Ständchen geben.

Die ersten Töne klagen, tasten über die Wand, die hölzernen Balken vibrieren, gigantischer werden sie, der Klang ist der Wildwechsel eines alten Elches, der grast, sanft schnüffelt, der elchstrocken lacht, sonor, ein Nasentier, mit bebendem Kropf röhrt er ihr zu.

Die Töne sind Schlaufen, Seile, die weich sind, sie werfen sich aus wie ein Lasso, ein Kind, das Fangen spielt, spöttisch rennen sie dem Elch hinterher, sie lassen ihn los, heben ab, sie jagen ihn in höchste Höhen.

Der Elch streicht Doreen mit seiner Schnauze über Kopf und Körper. Franzi spielt, bis ihr die Tränen aus den Augen quellen. Die Tränen und die Töne sind große, traurige Tropfen, elchstrübe Tränen, die trotzdem nicht ohne fröhliche, vertrauliche Zwischenhüpfer bleiben. Ihr altes Leben, im Osten, liegt mit ihr auf der Bahre. Der Elch schnuppert, er schnaubt ihr ins Ohr, mit seiner gigantischen graurosa Zunge fährt er ihr über das totenblasse Gesicht, er lässt nicht nach, und schließlich macht er sie langsam wach mit seinem Schnüffeln und den Tönen aus seinem Mund, aus Franzis Saxophon.

Wenn Doreen den Elch jetzt hören könnte, denkt Franzi. Die Seile ziehen ihr Herz zu der Freundin hinüber, damit sich die Klänge des Saxophons in ihr verfangen, schaukeln, schwingen, hüpfen. Wenn Doreen noch einmal zu mir herüberlugen würde, denkt Franzi.

Dann kitzelt etwas Doreens Nase. Es ist der große Zinken des Elchs. Und etwas hält sie fest, holt sie zurück. Doreen bewegt die Augen, dehnt sich, hebt die Hand; jetzt leckt der Elch ihr das Gesicht. Er röhrt. Es klingt. Doreen blickt um sich, Töne huschen; sie schaukelt in Seilen, die Franzi mit dem Spiel zu ihr herüberspannt. Dann tanzt sie, immer haarscharf an der Grenze zwischen Tod und Leben.

Die Freundschaft zwischen beiden ruht, Musik vibriert. Der Klang verhallt, der Elch wird stumm, er nimmt wieder den Zucker aus ihren Händen an.

Das Tier zupft sie am Ärmel. Als würde es ihr etwas zeigen wollen. Nach einigem Zögern schwingt sie sich auf seinen Rücken. Das ist der Ort, an dem er sie haben wollte. Er begibt sich mit ihr auf seltsame Wege, tief ins Halbdunkel hinein. Die Töne trägt er mit. Doreen schließt die Augen, und als sie sie nach zehn Minuten öffnet, findet sie sich auf einem Dachboden wieder. Der Elch ist weg, die Musik, die sie aufgeweckt hat, verklungen. Doreen wünscht so sehr Franzi zurück, den Elch, und die Töne.

Da erkennt sie mit einem Mal das Haus. Großmama war immer hier gewesen. Dem Klang hinterher, steigt Doreen die Stufen hinauf, die knarrend von Vergangenem sprechen. Ein kaum sichtbarer, roter Pfeil ist hier auf eine Bodendiele gemalt. Truhen, vollgestopft mit Ballkleidern, Zigarettenspitzen, Plüsch und Tand. Doreen hebt einen Deckel, ihr Fund ist veilchenfarben- zitronig, und so bunt; dort findet sie abgewetzte, colorierte Bilder, ein mit rosa Band gebundenes Tagebuch und einen Anhänger mit einem grünen Papagei aus Jade. Doreens Herz verzwirbelt sich wie eine Zitrone.

Auf den vergilbten Bildern ist immer Laila zu sehen, Doreens Großmama, und auch Ganoven-Ede, ihr zweifelhafter Geliebter. Die beiden in der Oper, feierlich gewandet. Berlin 1929, erklärt ein kurzer Text, in einer geschwungenen, pompösen Handschrift darunter gekritzelt. Laila ist mondän, und Ede macht auf feiner Mann. Auf dem nächsten Bild die Gangster der Ringvereine, wie sie um einen eichernen Tisch in der Mulackritze hocken; sie (er)trinken, die Hüte tief in den Nacken gezogen, die schlechte Luft ist warm und sie dampft. Auch auf diesem Bild ist Laila zu sehen. Sie sitzt mit am Tisch, pafft Qualm in die Luft, als einzige Lady hat sie eine Sonderstellung inne. Sie wird von den Männern aus zusammengekniffenen, schildkrötenhaften Augenwinkeln beäugt. Ihre Schönheit und auch ihre Cleverness sind ihre Eintrittskarte für diese Männerrunde.

Auch auf dem nächsten Bild sind die ehrenhaften Gangster zu sehen; sie schicken die speckigen Karten durch eine Mischmaschine. Gewinn und Verlust des ergaunerten Geldes. Bald muss ein neues Set her, denn zu sehr kleben die Karten schon zusammen.

Doreen versucht, das krakelige Schriftbild Diamanten-Edes auf der Rückseite des Bildes zu entziffern. Bierflecken von anno dazumal, vertrocknete Tabakkrümel, die seit Jahrzehnten zwischen den Seiten kleben. „Laila, ach Laila". Die Handschrift des Betrunkenen offenbart seine Gefühle. Die Krokodilstränen kann Doreen aus seinen Augen tropfen sehen. „Det haste nu davon, Laila. Dasste dich mit so feinen Pinkeln einlassen tust. Und dann ooch noch mit Weibern. Denen hettste wat erzählen können von mir – und det wolln wer nich, Laila, nee, det wolln wer doch nich... Und jetze – jetz biste dod, Laila. Jetz biste janz janz mausedod."

Wut staut sich hinter Doreens Stirn, das sieht man an einer Ader. Doch blättert sie weiter die Bilder durch, um mehr zu erfahren.

Auf einem Foto hat sich Diamanten-Ede selber fotografiert, ungewöhnlich verkrampft sind seine Arme, sein Fernglas hält er nervös im Anschlag.

Und auf dem nächsten Bild geht Großmama Laila mit Julia, einer mondänen Lady, vor einer Wannseevilla spazieren. Sie fassen sich überall an, sie kitzeln sich mit den Fingerspitzen. Laila hängt sich die Stola ihrer Freundin über den Rücken. Zwinkert ihr schelmisch zu. Doreen hält inne, versenkt sich in das, was sie hier erblickt, ist verblüfft. Auch Diamanten-Ede mag überrascht gewesen sein. Da sind die Frauen wieder, vor der Villa Liebermanns, des Malers, einem Juwel mit ihren liebevoll gepflegten Blumenbeeten, und mit den Birken, ja, mit den Birken der Bilder, posierend mit dem Meister selbst, heiter plaudernd, mit seiner Frau und Tochter, und mit seiner geliebten Enkelin. Dann Laila vor dieser klassizistischen Fassade, sanfte Terrasse, Kräutergarten, wilde Blumen, malerischer, beigefarbener Sonnenschirm, und dann die Birken, ja, die Birken, auch auf den Fotos wirken sie wie gemalt; alle Wege führen den Blick zum dunkelblauen Wasser des Wannsees hinunter. Weite, maritime Atmosphäre, Schiffchen, ein Teepavillon, der Kühle spendet, eine Kühle, die in ihrem Mund wie Meloneneis zerschmilzt.

Die Farben der Villa sind ganz die der Bilder des Malers. Das Photo ist veilchenfarben koloriert. Fast meint man, die Vögel tschilpen zu hören; ein Klang wie vom Maler gemalt. Die beiden Frauen, schäkernd und voneinander beschwipst an farbbeklecksten, blumigen, prunkgeschmückten Villen vorbei. Das Haus der Wannseekonferenz bedeutete damals noch nicht dasselbe wie heute.

Ihre Freundin mag die Verruchtheit von Laila, das schnelle Zurückwerfen des Kopfes. Laila bringt Lebendigkeit in eine Welt, die an ihrem Geld erstarrt ist. Ihr Gesicht auf den Photos ist in zartem Orange koloriert. Schwarz ist ihr Haar, exotisch kommt sie daher, das hat sie ihrer Enkelin vererbt.

Doreen erspäht in der Ferne einen, der ebenfalls guckt. Ede saugt durstig mit seinem Fernrohr ein, was er da sieht. Flanierende Passanten mögen glauben, dass er Vögel im Blick hat. Doch der Vogel, den er jagt, heißt Laila. Durch die Linse sieht er seine Freundin mit ihrer Gespielin flanieren, die Entrüstung lässt seine Oberarme schwellen. Die Frauen fliegen vorbei, an Farnsilhouetten, hellgrün in der Sonne, Tautropfen in den uralten Blättern verborgen.

Edes Herz fühlt sich wie ausgeleiert an. Ihre Verliebtheit in diese Frau ist Laila an der Nasenspitze anzusehen. Ihr öffnet sich die Tür zu einer Welt, die ihm verschlossen bleibt – wenn er auch alle schmierig geölten Maschinen in Bewegung setzt, um dort hinzukommen. Edes eigene Villa ist ein protziger Ort, grell bemalt, in pink, obszöne Gipsputten säumen den Rand der schrill bepflanzten Gärten. Alles ein wenig zu groß, und das Lächeln der Statuen viel zu süß. Zusammengegaunert hat er sich das alles.

Die Jachten treiben schweigend über den Wannsee. Ruhe ist der Luxus, den man sich hier kauft.

Ede ist den beiden Frauen mit dem Blick durch sein Fernrohr gefolgt.

Er rümpft die Nase. Laila flüstert ihrer Julia Geheimnisse ins Ohr. Ihren Parfumarm sieht er über die Freundin streichen, er würde sich auch über das gurrende Lachen dieses Täubchens echauffieren. Vor allem, wenn er meint, von Lailas Lippen Spott zu lesen. Da schaut sie zurück – der Spott gilt ihm! Ihm zuckt der Arm. Eine Wanderin zwischen den Welten ist eine, die sein Geheimnis nicht hüten kann, und dafür wird er sie bestrafen…

Doreen hat die Photos wie ein Blatt Spielkarten in der Hand. Sie wird ganz still, als sie das nächste Bild betrachtet: Laila liegt in einem muffigen Zimmer auf einem zerkratzten Mahagonitisch – als hätte sie zu viel getrunken. Schmutzige rosa Tapete. Der Lack blättert von ihrem starren Gesicht.

Sie hat blaue Spuren am Hals. Das Lächeln auf dem maskenhaften Gesicht, ein Lippenstiftlächeln, müde und faltiger, als es im Leben je war.

Man hat Laila im Hurenzimmer gefunden, begraben unter „Arbeitsgeräten". Auf dem „Arbeitstisch" der Nutten hat man Laila getötet und liegen gelassen. Daneben, auf einem Hocker, liegt, unordentlich ausgebreitet, leinene Reizunterwäsche, die überwiegend aus Löchern besteht.

Doreen ist wütend. So wütend, dass sie nicht mehr in den Tod zurückgehen will. Ihr Hass raucht leise hinüber in jene andere Zeit. Der Geist von Laila schnuppert den Rauch, und müde fliegt er heran, um sich dann größer zu hauchen; er wird, was er ist, und Laila wird, was sie war, als sie die Enkelin und ihre Betroffenheit spürt. Die beiden sehen sich stumm an. Es stürmt, und Ede rast, er schnaubt, den Speicher umkreisend. Anklagend, mit vorgeschobener Lippe, schwankt er an Doreen heran.

Doreen kocht jetzt in ihrer eigenen Wut. In einem Wirbel wird sie mit der Großmutter eins. Oma und Enkelin wickeln Ede ein in ihre schleierhafte Wut, um seine tötenden Töne zu ersticken.

Die Rache. Die Vorbereitung. Der Ball.

Der Gangsterkönig wandert im Herrenzimmer umher. Er fühlt sich angegriffen, ein speckig roter Krebs, der seine Scheren ausfährt. Verstecken, was geschehen ist. Die ehrbaren Staatsbürger mit den fettigen Gesichtern wandern achtlos an ihm vorüber. Er bräuchte sie nur zu zwicken, aber er hat sich entschieden, sie zu bestehlen. Er fühlt seinen Panzer sichernd zwischen sich und ihnen, und seine Scheren streckt er umso höher in die Luft, misstrauisch, unter Steinen verborgen. Ein stahlblauer Panzerfrack soll ihn, den Knochigen, vor Blicken schützen. Im Rückwärtsgang zieht er unter Steine, Häuserfronten. Wartend versteckt er das Funkeln ergaunerter Freiheit. Jetzt kommt es heraus: Aus Furcht nur hat er seine Laila ermordet. Von den gemächlich im Sand vorbeiflanierenden Bürgern fühlte er sich bedroht. Denn Laila hätte singen können. Alles verraten. Die Frauen kommen ihm halbseiden vor, gefeilt und glatt, geschwätzig. Gegen ihn, den Machtvollen, sind sie mächtig. Er kann sein Schicksal jetzt nicht mehr in ihre Hände legen. Seine Freundin war ja schon in einer Zwischenwelt gewesen- und dann drängte es sie noch weiter nach oben. Sie hatte sich bereits mit all den Menschen aus der Oberwelt getroffen, die sich ihm immer und mit großer Regelmäßigkeit entzogen, sie war fast so geworden wie jene. So schnörkelhaft snobistisch, parfümiert, so flatterhaft und leicht. Das durfte nicht sein. Das wurde bestraft. Ede sieht vor sich die aufgeblähten Gesichter der Bürger, die vor gezierter Unschuld leuchten, krimineller sind sie als er selbst, wie große, fette, faule Fische oder wie schwänzelnde Wasserwesen kommen sie ihm vor, und niemals schwimmen sie in ihrem Teich allein. „Fressen und gefressen werden", denkt Ede, „Fressen und gefressen werden. So sind sie." Ja. So muss man werden, damit man es zu etwas bringt.

Plötzlich hat Ede eine sentimentale Anwandlung, als ihm die Laila, seine private Meerjungfrau, hinter seiner faltigen Stirn erscheint; sie kommt ihm vor wie die göttlichste Figur im ganzen Teich. Und jetzt, wo sie tot ist, taucht ein Rest seiner Liebe zu Laila in einem Lappen seines Hinterhirnes wieder auf.

Der Ball ist prunkvoll, erste Sahne. Nobel wie der Friedrichstadtpalast mit Max Reinhardts Kabarett Schall und Rauch. Echte Damen schwingen das Tanzbein, oder zumindest sind diese Individuen recht damenhaft gekleidet. Diamanten-Ede, der einflussreichste Mann, hält prätentiös die Fäden in der Hand; im Kreise seiner Getreuen. Dicke Ringe, die Köder dieser männlichen Spinne.

Eine gehört nicht in sein Netz: Die blasse, schwarzhaarige Schönheit mit Zigarettenspitze im Frack, die von der anderen Seite des Ballrooms zu ihm herüber starrt. Auch seine Freundin Laila ist ihm entwischt.

Tatsächlich hat Doreen ihn im Visier. Er knurrt, sein Herz springt aus der Bahn, es weht ihn an, da ist sie wieder, Laila, lebendige Tote. Ihre Ankunft pocht in seinem alkoholisierten Gehirn. Der Geist von Laila, statuenhaft und zart, wie sie schon immer war. Im Frack? Er schnaubt. Sie hat so viele Gesichter, dass ihm schwindlig wird. Dass er nicht hinterherkommt. Dass er sie darum liebt, ist ihm nicht klar.

Sie holt ihn wieder ein, die Furcht des groß gewordenen, aufge-
blähten Ganoven. Er kniet sich nieder, es gluckst aus seinem Bauch:
Er löst sich auf, wird an den Rändern ganz weich, zu einem schlei-
migen Tier. Er möchte, dass sie ihn auspeitscht. Seine Kumpane
sind in diesem Moment genauso blass wie er. Der Saal, der ganze
Prunk, ist abfallweich. Er bäumt sich auf, er ist der Boss, doch er
zerfließt, und ohne ihn bricht die Schattenwelt zusammen. Haa-
rig fühlt er sich an, und staubig, seine Armwinkel sind eine befah-
rene Straße. Feine Wege, in den Boden gegraben, Rillen, die auf
ihn warten, um ihn zu begraben. Verzweifelt schmiedet er Pläne,
wie er sich jetzt doch noch davonstehlen kann. Er ist bereit, dafür
auch Wegegeld zu zahlen. Sie soll ihn versohlen, dann aber soll sie
ihn bitteschön verschonen. Sie wird doch nicht den Schachtelteu-
fel, den Knallfrosch vor ihm springen lassen? Der Tod ist jetzt der
Schwanengesang der Welt. Er öffnet den Mund, der Frosch findet
den Weg nach draußen. Auch seine Augen quellen über. Und dann
kommt gar nichts mehr heraus aus seinem Mund.
Ein Gedanke presst sich durch sein reptilienhaftes Gehirn.
Er hat es getan, weil sie sich ihm verweigert hat. Gefährlich ist sie
ihm geworden. Jetzt blicken ihre toten Augen ihm in seine selbst-
mitleidigen Gedanken. Er knirscht mit den Zähnen. Sie ist eine, die
ihre Augenschatten um sich wirft. Sie trifft ihn. Etwas zuckt zün-
gelnd, schmerzt in seiner Brust. Es ist die Wut, sie legt sich um sei-
nen faltigen Hals. Sie schwabbelt über den Rand – er ist nicht mehr
er selbst. Er möchte nur noch vögeln. Steife Latte als Gegenpol zu
einem ansonsten an den Nähten aufgelösten Etwas. Ein Stückchen
zwiebelnder, wiegender Liebe kann er noch fühlen, zur Großmutter
und genauso zu dieser Gestalt, die ihr so ähnlich ist. Er bäumt sich
auf, will sie zu fassen kriegen. Er will sich spüren, will sie greifen.

Bevor er zupacken kann, legt sie sich um sein Herz, sie trifft ihn mit ihren züngelnden Blicken, in einem peinlichen Gefühl von Schuld. Dann spürt er den dumpfen Schmerz des Aufschlags auf dem Boden. Da unten liegt er, stumm...

Laila lächelt. Ihr Gesicht ist neblig-milchig, dann wieder klar. Großmutter und Enkelin, ein Herz und eine Seele...

Doreen fühlt das Leben in sich fließen. Ein Ton summt um ihre Nase, setzt sich erbarmungslos in ihr fest, bringt sie zum Niesen. Sie öffnet ein Auge, sie ist schon halb wach. Franzi hat es noch nicht bemerkt. Doreen lässt sich ein Stück weit tragen von dem Elch. Der führt sie zurück in die lebendigen Weiden. Sie findet ihre Seite, in einem roten Wollknäuel eine Spur von Miro, die sie umarmt und die sie an die Melancholie des Lebens erinnert, dann lässt sie sie gehen. Im Geiste wandert Doreen und springt, sie lässt sich fallen, fliegt durch die Jahrzehnte, die ziehen an ihr vorbei, Großmutter, Mutter grüßen, schütteln ihr die Hand.

Das Zimmer ist jetzt voller Klänge, als Paula an Franzis Türe klopft. Doreen auf dem Sofa hält sich bedeckt, erst grüßt Paula Franzi stumm und setzt sich melancholisch ans Klavier. Da schaut die Tote unerwartet hoch. Augenspiel von Doreen, und Augenspiel von Paula, dann blickt Doreen zu Franzi herüber, elfenbeinerner, silberner Wechsel zwischen dem Klang des Saxophons und dem des Klaviers. Und irgendwie erfasst es Paula, und gleich erkennt sie, dass Doreen lebt. Und Paula lacht beim Spielen zu Doreen hinüber, und auch zu Franzi, sie geben sich einen wilden Kampf. Paula ist glücklich, Doreen ist am Leben, und ihre Augen können Paulas jetzt wieder begegnen.

Paula und die Kommissarin

Paula: „Der Frühling hat schon angefangen. Nicht mehr mit den-

selben Gedanken wie früher breche ich mir einen Fliederzweig vom Strauch. Der Zug ist ein anderer.
Jetzt sehe ich mich dort stehen. Mit Doreen..."

In aller Stille und Freundlichkeit hat sich die Affäre zwischen Paula und der Kommissarin entwickelt, und genauso still hat sie sich auch wieder gelöst. Aufgelöst in sanfte Wellen. Die Kommissarin ist zufrieden. „Geh deiner Wege", sagt sie ganz großmütig zu ihr. Die Blicke haben sich aneinander gestillt, sind satt geworden, um sich jetzt woanders auszubreiten, sie haben ein Stückchen mitgenommen voneinander, und auch ein wenig von der Erkenntnis, dass es besser ist, loszulassen, gehen zu lassen, was gehen will.

Doreen.
Doreen hat eine Mauer gebaut zwischen Ina und sich. Doreen schaut wieder sich selber zu. Erst beiläufig kommt ihr ein Gedanke, der sie heiter stimmt. Doreen ist nur noch ein Schatten in Paulas Denken. Aber ein kleines Rinnsal der Freude treibt doch seine Spur in den Boden. Doreen hat eine Mauer gebaut zwischen Ina und sich.
„Wir haben es gut gemacht", sagt Miro, „Wie viele von den Flüchtlingen haben wir vor den Nazis gerettet!"
Sie treiben über die grüne Grenze, am Ende ihrer Kräfte.

Doreen zupft sich die Eierschalen einzeln ab, entsteht als Venus neu. Doreen-Orange. Sie schält sich, findet Teile ihrer selbst. Und Paula! Vor allem im Lachen kann sie sich und sie erkennen. Das Lachen ist die Schale, die sie vor allem Übel schützt. Die Lücke schließt sich, Doreen wird ganz.

Die Mädels, ein Presslufthammer, ein Flügelschlag. Verzeihen müssen sie Doreen, dass sie sich so lange ferngehalten hat. Und das mit Ina. Leicht wie eine Feder, lässt Doreen auch Miro hinter sich.
Da ist die Freundschaft wieder in Blicken. Die Frauen schütten ihre Wunden zu.

Alle die Mädels haben ein wenig Fuß gefasst, Sabine mit ihren Fotos, und Franzi mit dem Saxophon. Der veränderten Welt die Meinung sagen, herausschreien, gehört zu werden. Es ist höchste Zeit. Nach einem Monat ist Doreen soweit, und sie kommt wieder mit, auf die geteerte, gefiederte Straße. Noch schillernder sind die pfauen- und papageienartigen Erlebnisfahrten geworden.
Ihr Rufen hallt zurück. Sie spüren die Antwort. Sie hinterlassen ihre Spuren, Spuren, die sich einschreiben, Spuren, die länger werden, die sterben, die sich fangen, die sie spielen lassen, die sie das Leben ansehen lassen wie einen Schmetterling. Der kann sich wieder freuen über die Farbe der Blumen. Es ist ihre eigene Farbe… Jetzt hämmern sie sich ihre Töne zurecht, die sie fiedern, teeren.

Doreen und Paula haben sich ein halbes Jahr nicht mehr gesehen. Es hat sich Fremdheit zwischen sie geschlichen. Abbruch.
Paula lebt vor sich hin, in den Tag hinein.
Ein leise vor sich hin plätschernder Tag, und in der hellen Mittagssonne summt sie, feilt sie sich die Zehen. Unmerklicher Wechsel der Tageszeiten, der Farben, der wandernden Sonne, des immer kräftiger werdenden und wieder schwindenden Lichts. Heute flirrt die Luft, sie steht still über dem Prenzlauer Berg.
Ein Tag, an dem man sorglos einen Fuß vor den anderen setzt. Falls man ein Ziel hat, so ist es doch nicht von Bedeutung angesichts der

heiter stimmenden Sonne, der heiter stimmenden Zeit, der heiter stimmenden Bedeutungslosigkeit.

Und Paula merkt, wie das Rinnsal ihrer Gedanken an Doreen schon wieder breiter wird. Die einzige Bewegung dieses Tages ist in ihnen. Und irgendwo, da wollen sie hin. Ob sie denn diesmal ins Meer münden werden? Da ebbt es ab, wird schwächer, fort ist es, und etwas schwimmt den Bach hinunter.

Gerade an solchen Tagen, die scheinbar gleichförmig daherkommen, wird man am häufigsten von unerwarteten Dingen überrascht.

Paula hat das Haus verlassen, und sie flaniert jetzt durch die Straßen. Da sitzt eine unter der U-Bahn-Brücke; drahtig ist sie, hat rehbraune Augen. Vor dem Erkennen ein Zögern. Das bekannte, vertraute Gesicht, der Blick rastet ein – da sitzt sie, als sei sie die Brücke zu ihrer Heimat geworden.

Es sieht so aus, als würde Doreen auf Paula warten. Das Zuckerstück ihres Blicks hat sie jetzt fallen gelassen, für einen Moment liegt es da wie verloren, Paula hebt es auf, und schiebt es Doreen unter Augen und Mund.

Sie zögern, warten, während sich Stille über ihr Zusammensein legt.

Erst müssen sie sich von der Schlierenschicht des Ohne-Einander-seins befreien. Minuten vergehen, ein leises Streicheln über den Arm. Ihre Blicke treiben sich ineinander, Verwirrtheit, sie fallen aufeinander und in tiefste Untiefen hinein – die Körper, die sie noch von früher kennen. Doreen spannt alle Sehnen, ihre Kraft setzt sie jetzt ein, um Paula von sich wegzuhalten, in ihrer Bannmeile, hoffentlich weit genug von sich entfernt. Sie schüttelt Paula ab, ihr Lachen ist nur wie der Schatten, der Luftrand um ihre Haut. Auf der anderen Seite heftige Freude. Doch die darf nicht sein. Ein Pferd bäumt sich auf, oh nein, das geht nicht, es ist vorbei....

Erinnerung an die Entfremdung.
Die Badewanne, das Untertauchen. Keine Luft. Und dieses ohnmächtige Gefühl. Die Badewanne, so fühlt sie sich an. Absacken. Tiefer. Verlorengehen jeglicher Bedeutung. Das Erinnern fungiert nur mehr als ein Gerüst, und die Bedeutung der Erfahrung geht verloren. Doreen hebt Paula hoch. Sie bewirkt bei ihr ein warmes Gefühl. Die Kleider fallen. Nichts ist mehr zwischen ihnen. Nacktheit bedeutet Wärme. Die Luft um sie herum ist staubig und schwarz-weiß. Sie hätten die Kleider auch anbehalten können. Lachen, Stöhnen, als sie sich ineinander spüren. Eins-Sein und ein verschwimmendes Gefühl. Ein Aufgeben der Widerstände, gemeinsame Erlebnisse ziehen an ihnen vorüber, Bäche setzen sich wieder in Bewegung, Erinnerungsfetzen an ihre Touren, Erlebnisse, die Liebe. Ein Schlüssel, der im Schloss stecken bleibt. Dass sie sich noch einmal trennen werden, scheint unvorstellbar. Wie fühlt sich denn eine Knospe an, bevor sie sich entfaltet? Sehr prall, nach langem Traum sehr neugierig, begierig, aufzubrechen. Wie fühlt sich denn eine Blume, die nach sehr langer Zeit einmal wieder Blüten treibt? Die voll wird, drall, die ihre eigene Schönheit in sich spürt? Das einzige, was sie zum Blühen bringt – und dass es diesmal endgültig ist. Zartheit genießen, sich gegenseitig überholen. Ein Band zu knüpfen, das nicht mehr reißt.